미션! 무인도 서바이벌 대작전

무인도에서 살아남기 위한 필수 과학상식 33가지

하이사이 탐정단 지음 | 윤수정 옮김

길벗스쿨

우리는 풍요로운 세상에서 살고 있어요.
먹을거리든 옷이든 돈만 있으면 바로 손에 넣을 수 있고, 생활을 편리하게 해 주는 기술은 계속해서 생겨나지요.

그런데 우리 생활이 편리해지는 것이 꼭 좋기만 한 걸까요?
혹시 우리 내면에 있는 '살아남는 힘'을 잃어 가고 있는 건 아닐까요?

상상해 보세요.
만약 무인도에 떨어져서 스스로의 힘으로 살아남아야 한다면요?
다양한 모험을 시도하며 자기가 가진 능력을 최대한 발휘해야겠지요.

학교에서든 직장에서든, 어른이든 아이든 간에 우리에겐 살아남는 힘이 반드시 필요합니다. 지식과 기술을 익힐 뿐 아니라 새로운 상황에 적응하고, 문제가 생기면 해결하고, 다른 사람과 협업할 줄 알아야 하고, 번뜩이는 순발력과 포기하지 않고 끝까지 해내는 근성도 필요하지요.

이 책을 통해 여러 모험을 해 보세요. 모험에서
얻은 '살아남는 힘'은 분명 여러분의 생활을,
그리고 인생을 풍부하게 해 줄 것입니다.

멋진 친구들과 함께 무인도 서바이벌에 도전해 보세요!

일러두기
본문의 내용은 우리나라 상황에 맞춰 일부 내용을 수정했습니다.

차례

시작하며 ·················· 2
등장인물 소개 ·············· 4
이 책 사용법 ··············· 12

미션! 서바이벌 ❶
무인도에서 물 구하기 ············ 13

mission_01 **물을 찾아라!** ················ 16
mission_02 **더러운 물을 깨끗하게 만들어라!** ······ 18
mission_03 **바닷물로 마실 물을 만들어라!** ······· 22
mission_04 **빗물을 모아라!** ··············· 26
mission_05 **식물에서 물을 채취하라!** ········· 28
mission_06 **다양한 방법으로 물을 모아라!** ······ 32

서바이벌 에피소드 ❶ ················· 34

자연 재료로 불 피우기 ········· 35

mission_07	불 피울 준비를 하라! ············ 38
mission_08	나무로 불을 피워라! ············· 42
mission_09	버려진 물건으로 불을 피워라! ······ 48
mission_10	불이 꺼지지 않게 하라! ··········· 50
mission_11	아궁이를 만들어라! ············· 52
mission_12	불을 제대로 꺼라! ··············· 54

서바이벌 에피소드 ❷ ················ 56

미션! 서바이벌 ③
안전한 기지 세우기 ·················· 57

mission_13	안전한 은신처를 찾아라!	············ 60
mission_14	자르는 도구를 만들어라!	············ 62
mission_15	식물로 밧줄을 만들어라!	············ 66
mission_16	잠잘 곳을 쾌적하게 만들어라!	······· 74
mission_17	화장실에서 똥을 눠라!	············ 78
mission_18	방향과 시간을 알아 둬라!	············ 80

서바이벌 에피소드 ③ ·················· 84

미션! 서바이벌 ❹
자연에서 식량 구하기 ······ 85

mission_19	먹을 수 있는 식물을 찾아라!	88
mission_20	먹을 수 있는 조개를 찾아라!	92
mission_21	여러 가지 덫을 만들어라!	96
mission_22	물고기를 손질하라!	102
mission_23	식재료를 맛있게 조리하라!	106
mission_24	식량을 보존하라!	110

서바이벌 에피소드 ❹ ······ 114

미션! 서바이벌 ⑤
위험 생물로부터 살아남기 115

mission_25	위험한 산속 생물을 조심하라!	118
mission_26	곰과 멧돼지를 조심하라!	122
mission_27	위험한 바다 생물을 조심하라!	124

서바이벌 에피소드 ⑤ 128

미션! 서바이벌 ⑥
자연에서 스스로를 지키기 129

mission_28	더위를 피하라!	132
mission_29	상처를 치료하라!	134
mission_30	구조를 요청하라!	136

서바이벌 에피소드 ⑥ 140

미션! 서바이벌 ⑦
자연재해에서 살아남기 ············ 141

mission_31	**항상 재난에 대비하라!** ················· 144
mission_32	**지진에 대비하라!** ······················ 148
mission_33	**태풍과 폭우에 대비하라!** ··············· 152

서바이벌 에피소드 ⑦ ···································· 154

이 책 사용법

무인도에서 살아남기 위한 필수 지식 7가지를 개성 넘치는 친구들과 함께 모험하면서 익힐 수 있어요. 그뿐 아니라 일상생활에서 도움 되는 지식들도 가득해요!

7가지 지식

- 물 구하기
- 불 피우기
- 기지 세우기
- 식량 구하기
- 위험 생물에 대처하기
- 구조 요청하기
- 재난 대비

두근거리는 모험이 너희를 기다리고 있어!

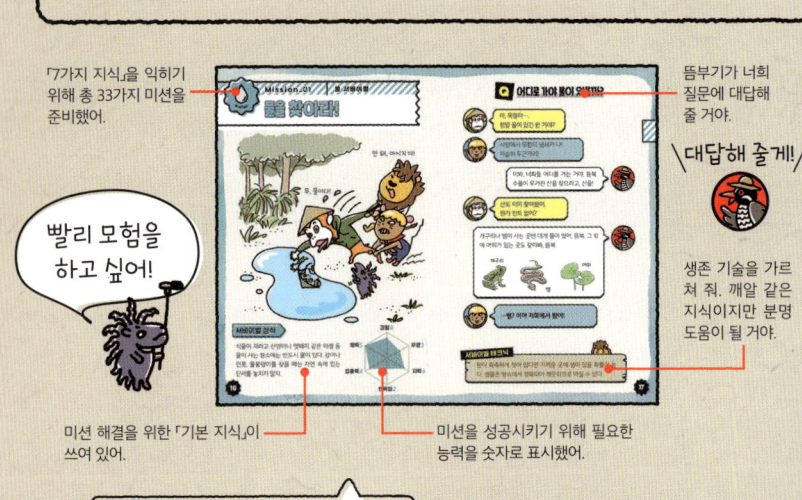

「7가지 지식」을 익히기 위해 총 33가지 미션을 준비했어.

뜸부기가 너희 질문에 대답해 줄 거야.

빨리 모험을 하고 싶어!

생존 기술을 가르쳐 줘. 깨알 같은 지식이지만 분명 도움이 될 거야.

미션 해결을 위한 「기본 지식」이 쓰여 있어.

미션을 성공시키기 위해 필요한 능력을 숫자로 표시했어.

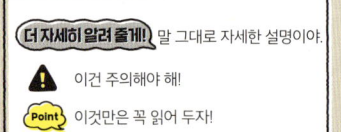

더 자세히 알려 줄게! 말 그대로 자세한 설명이야.

⚠ 이건 주의해야 해!

Point 이것만은 꼭 읽어 두자!

지식과 기술을 익혀서 모험을 떠나자!

무인도에서 물 구하기

사람이 살아가려면 하루에 2ℓ 정도의 수분이 필요해요. 그중 절반 정도는 물을 마셔서 섭취하지요. 먹지도 마시지도 못하고 사흘쯤 지나면 목숨이 위험해져요.
음식이 없어도 물만 있으면 약 21일 동안은 살 수 있다고 해요.
그런데 만약 지금 당장 수도가 끊긴다면? 마실 물을 구하는 일이 막막하겠지요? 그럴 때를 대비해서 물을 깨끗하게 만드는 방법과 식물에서 물을 얻는 방법을 배워 봐요!

미션! 서바이벌 ①
무인도에서 물을 구하라!

물이라고 해서 모두 다 마실 수 있는 건 아니야.
겉보기에는 깨끗하지만 실은 더러운 물일 수도 있어.
물을 마시고 배탈이 난 적 있어? 아주 힘들더라.
마음 놓고 마실 수 있도록 주변에 있는 걸
사용해서 물을 깨끗이 만들어 보자!

Mission_01 | 물 서바이벌
물을 찾아라!

안 돼, 마시지 마!

무, 물이다!

서바이벌 상식

식물이 자라고 산양이나 멧돼지 같은 야생 동물이 사는 장소에는 반드시 물이 있다. 강이나 연못, 물웅덩이를 찾을 때는 자연 속에 있는 단서를 놓치지 말자.

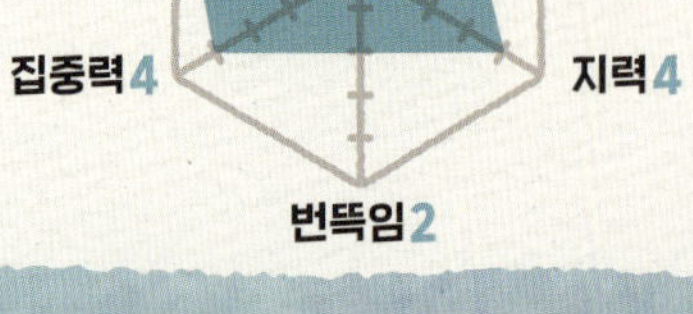

- 경험 4
- 우정 3
- 지력 4
- 번뜩임 2
- 집중력 4
- 체력 5

Q 어디로 가야 물이 있을까?

아, 목말라….
정말 물이 있긴 한 거야?

사방에서 모험의 냄새가 나!
가슴이 두근거려!

이봐, 너희들 어디를 가는 거야, 뜸북.
수풀이 우거진 산을 찾으라고, 산을!

산도 이미 찾아봤어.
뭔가 힌트 없어?

개구리나 뱀이 사는 곳엔 대개 물이 있어, 뜸북. 그 밖에 머위가 있는 곳도 찾아봐, 뜸북.

개구리

뱀

머위

…뱀? 아까 저쪽에서 봤어!

서바이벌 테크닉

땅이 축축하게 젖어 있다면 가까운 곳에 샘이 있을 확률이 높다. 샘물은 땅속에서 정화되어 깨끗하므로 마실 수 있다.

Mission_02 | 물 서바이벌
더러운 물을 깨끗하게 만들어라!

부욱

필살 앞니 찢기!

어어, 야!

서바이벌 상식

물웅덩이와 연못의 물에는 세균이 많아서 그냥 마셨다가는 배탈이 나기 쉽다. 언뜻 깨끗해 보이는 강물도 기생충이나 동물 똥에 오염되었을지 모른다.

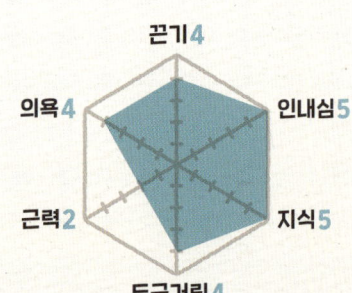

끈기 4
의욕 4
인내심 5
근력 2
지식 5
두근거림 4

여과 장치를 만들려면 무엇이 필요할까?

 연못 물을 그냥 마시면 안 돼?

 ❗ 균 때문에 설사를 하거나 감염증에 걸릴 수도 있어. 절대로 마시면 안 돼, 뜸북.

 뭐라고? 기껏 물을 발견했는데, 그러면 헛수고한 거야?

 이 물을 마실 수 있도록, 우선 깨끗하게 '여과'하자, 뜸북. 여과란 물을 걸러서 더러움을 조금씩 없애는 거야. 바닷가에 가서 필요한 걸 몇 가지 모아 와라, 뜸북.

- 페트병
- 숯
- 모래
- 손수건이나 천
- 자갈
- 물을 담을 수 있는 그릇
- 자르는 도구(칼)
- 구멍을 뚫는 도구(송곳)

 누가 먼저 바닷가에 도착할지 대결하자!

 더… 더는 못 뛰겠어….

Q 여과 장치는 어떻게 만들까?

페트병이랑 냄비를 주워 왔어!
모닥불 피운 자리에서 숯도 찾았어!

이제 천을 구해야 해.
어, 이게 좋겠다! 에잇!
(부욱-북-북-)

야! 뭐 하는 거야!
멋대로 남의 옷 찢지 마!

좋아, 준비는 다 됐지?
여과 장치를 만들어 보자, 뜸북.

💡 페트병으로 여과 장치 만드는 방법

❶ 페트병 바닥을 잘라 낸다.
❷ 페트병 뚜껑에 3mm 정도 구멍을 뚫는다.
❸ 페트병 바닥이 위로 가도록 뒤집고 '자갈➡숯➡모래➡뭉친 천' 순서로 넣는다.
❹ 페트병 밑에 그릇을 놓는다.

여과에는 시간이 꽤 걸리므로 페트병에 끈을 묶어서 나뭇가지에 걸어 두면 힘들게 들고 있을 필요가 없다.

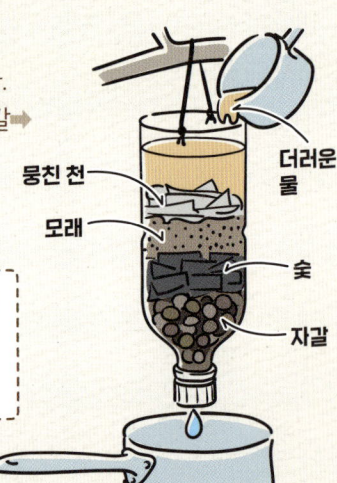

Q 정말로 물이 깨끗해졌을까?

 오~ 아까보다 맑아졌어. 드디어 물을 마실 수 있게 됐다! 잘 마실게!

 잠깐! 맑아지긴 했지만 안심하고 마시려면 끓여서 살균해야 해, 뜸북.

 뭐? 아직 마실 수 없는 거야?

 그런데 말이야, 연못 물 대신 바닷물로 하는 게 더 좋지 않아?

바닷물은 안 돼, 뜸북. 여과 장치로 거를 수 있는 건 오염 물질뿐이고 염분은 못 걸러내, 뜸북. 바닷물은 여과시켜도 변함없이 바닷물이지. 바닷물을 마시면 큰일 난다고, 뜸북.

 **으아, 목말라 죽을 것 같아. 털썩.**

바닷물은 마시면 안 돼?

안 된대. 왜 그럴까?

Mission_03 | 물 서바이벌

바닷물로 마실 물을 만들어라!

갈돔이다!

바다다! 물이야!

서바이벌 상식

생존을 위해 꼭 필요한 물. 그런데 눈앞에 바다가 있다고 해서 바닷물을 벌컥벌컥 마시면 큰일 난다. 목이 말라도 절대로 마시면 안 된다.

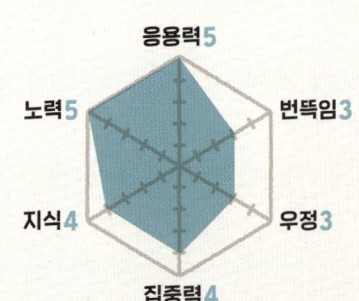

응용력 5
번뜩임 3
우정 3
집중력 4
지식 4
노력 5

Q 왜 바닷물을 마시면 안 될까?

바닷물도 물이잖아. 마셔도 괜찮지 않아?

바닷물에는 염분이 많아, 뜸북. 그래서 마시면 마실수록 목이 마르지, 뜸북.

염분 때문에 짠 건 알지만, 참고 마시면 수분도 조금 흡수할 수 있지 않니?

바닷물을 마시면 수분을 흡수할 수 있어, 뜸북. 하지만 마신 것보다 더 많은 수분이 빠져나가기 때문에 탈수 증상을 일으켜서 위험하다고, 뜸북.

더 자세히 알려 줄게!

인간의 체액(혈액 등)과 비교해서 바닷물에는 염분(소금기)이 아주 많이 들어 있다. 이 때문에 바닷물을 마시면 몸속의 염분 농도가 올라가는데, 우리 몸은 이를 정상으로 되돌리기 위해 오줌과 땀을 통해 염분을 몸 밖으로 내보낸다. 이때 수분도 함께 빠져나간다.

▼ 바닷물을 마시면 결국 몸에서 수분이 빠져나간다.

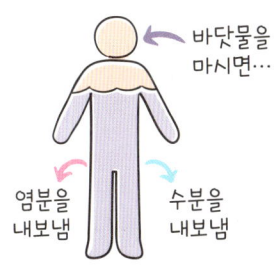

바닷물로 마실 물을 어떻게 만들까?

몇 가지 준비할 물건이 있어, 뜸북!

- 냄비
- 수건
- 컵 (열에 강한 것)
- 바닥이 둥근 솥이나 냄비
- 추로 쓸 돌멩이

💡 바닷물로 마실 물을 만드는 방법

❶ 냄비에 바닷물을 넣고, 컵에 돌멩이를 넣어 냄비 가운데에 놓는다.
❷ 냄비 가장자리에 수건을 두르고 그 위에 바닷물을 넣은 솥을 올린다.
❸ 불을 때면 솥 바닥에 수증기가 맺혔다가 식으면서 컵에 떨어져 고인다.

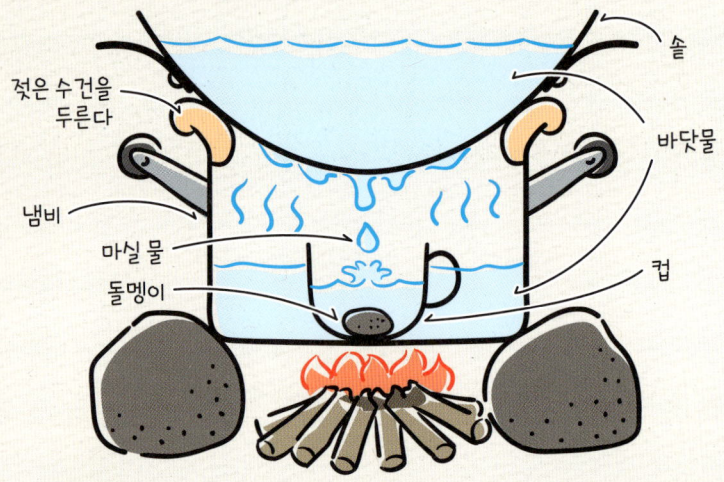

> **Point**
> 냄비에 바닷물을 너무 많이 넣으면 컵에 고인 물에서 짠맛이 나므로 주의해야 한다.

이 물은 진짜로 마셔도 되는 걸까?

 이제 솥을 치우고 속을 들여다봐, 뜸북.
뜨거우니까 조심해, 뜸북.

 와, 신기해! 조금이긴 하지만 컵에 물이 고였어!

 어차피 이 물도 마시지 말라고 할 거지?

 이건 염분이 없는 민물이니까 마셔도 돼, 뜸북.

 진짜로 이거 마실 수 있는 거야? 그럼 한 모금만…. **으악! (철퍼덕)**

 아이고, 귀한 물을….

 물도 필요하지만 소금도 있으면 좋겠어.

 소금을 만들고 싶을 때는 바닷물을 냄비에 넣고 불 위에 올려 두면 돼.

Mission_04 | 물 서바이벌
빗물을 모아라!

한 모금만….

서바이벌 상식

주변에 물이 없을 때는 빗물을 모으자. 빗물을 잘 모으면, 마실 물과 생활용수를 어느 정도 해결할 수 있다.

Q 빗물은 어떻게 모을까?

와, 비다! 입 벌리고 있으면 물을 마실 수 있을 거야! **아~~~!**

평생 그러고 있을래? 계속 비를 맞으면 체온이 떨어져서 감기 걸려, 뜸북.

악, 어떡하지?!
…턱 빠진 거 같아.

…크흠!
양동이나 냄비로 빗물을 모아, 뜸북. 빗물에 진흙이나 티끌이 튀어 들어가지 않도록 밑에 자갈과 나뭇잎을 깔면 좋아, 뜸북. 비닐이 있으면 나무에 묶어서 빗물을 더 쉽게 모을 수 있어, 뜸북.

서바이벌 테크닉

처음에 떨어진 빗물에는 대기의 오염 물질이 많이 포함되어 있다. 마실 물을 받을 때는 비를 몇 분 동안 흘려 버린 뒤 받는 게 좋다.

Mission_05 | 물 서바이벌

식물에서 물을 채취하라!

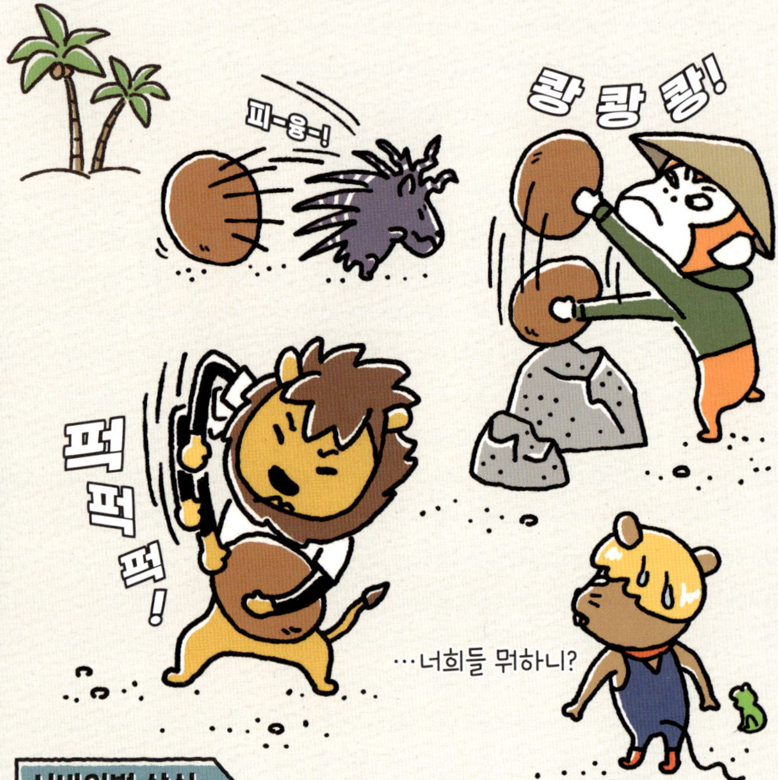

서바이벌 상식

식물에는 수분이 많다. 물을 찾지 못했을 때나 불을 쓸 수 없을 때는 식물에서 수분을 얻어 내자.
식물의 성질을 이용하면, 조금이지만 확실하게 물을 얻을 수 있다.

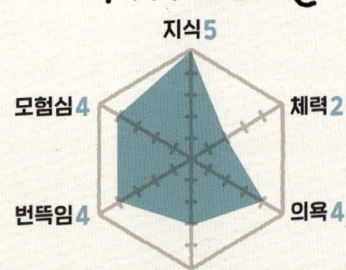

지식 5
체력 2
의욕 4
인내심 3
번뜩임 4
모험심 4

식물에서 물을 어떻게 얻을까?

 **하암, 졸려….** 이렇게 이른 아침에 일어나서 뭘 할 건데?

다리에 수건을 감고서 풀숲을 돌아다니는 거야, 뜸북.
1시간쯤 돌아다니면 풀에 묻은 이슬에서 500㎖ 정도의 물을 모을 수 있어, 뜸북.

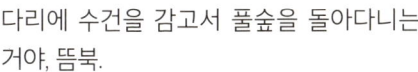

아침 이슬

다리에 수건을 감고 걷는다.

 **헉헉!** 아침부터 힘들다고. 좀 더 편하게 모으는 방법은 없어?

볕이 잘 드는 곳에서 자라는 식물 가운데 잎이 무성한 가지를 찾는 거야, 뜸북. 비닐봉지를 씌워서 한참 두면, 조금이지만 물을 모을 수 있어, 뜸북.

돌멩이를 넣어 두면 더 쉽게 물을 모을 수 있다.

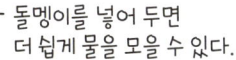

더 자세히 알려 줄게!

식물의 잎 뒷면에는 수많은 기공(공기 구멍)이 있다. 기공은 숨구멍이면서 수분 배출구이기도 하다. 기공으로 수분을 내보내고 나면 뿌리에서 물을 새로 빨아들여 식물 전체에 영양분을 공급한다. 가지에 잎이 많을수록 수분이 많이 나온다.

수분이 많은 식물에는 어떤 것이 있을까?

식물 중에는 특히 수분이 많은 것들이 있어, 뜸북.
세 종류를 가르쳐 줄게, 뜸북.

💡 코코넛에서 수분을 얻는 방법

❶ 코코넛의 껍질에는 오목한 점 세 개가 있다. 이중 가장 말랑한 점을 찾는다.
❷ 그 점을 뾰족한 것으로 찌르면 쉽게 구멍을 뚫을 수 있다.
❸ 열매를 쪼갤 때는 점과 이어진 선을 망치 같은 걸로 두드린다.

코코넛
(반으로 쪼갠다)

코코넛 나무

 코코넛에는 수분과 미네랄이 많아서 마시는 '수액'이라고도 불린다.

 무인도에서는 역시 코코넛이지!
코코넛을 발견하면 가슴이 엄청 두근거린다고!

 '꽝'도 있어.
바닷가에 떨어진 코코넛은 대체로 속이 비었거나 썩었거든.

 착한 어린이는 주먹으로 깨려고 하면 안 돼!

바나나 나무에서 수분을 얻는 방법

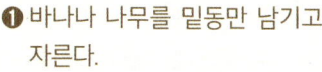

❶ 바나나 나무를 밑동만 남기고 자른다.
❷ 칼로 그루터기 속을 파낸다.
❸ 아침이 되면 물이 고인다.

그루터기를 파낸다.

믿기 힘들 만큼 수분이 나온대.

바나나 나무는 볕이 잘 드는 곳에서 자란다.

하룻밤 지나면 물이 고인다.

대나무에서 수분을 얻는 방법

❶ 대나무 꼭대기 부분을 자른다.
❷ 대나무를 구부리고 양동이를 놓는다.
❸ 아침이 되면 물이 고인다.

대나무는 낚싯대로도 쓸 수 있어서 아주 요긴해.

끄트머리를 칼로 잘라 낸다.

돌을 매달아 무게 중심을 잡는다.

바나나와 대나무 모두 땅에서 물을 빨아올리는 힘이 아주 강해, 뜸북. 대나무는 하룻밤에 1m쯤 자라기도 해, 뜸북.

앞으로는 자연에 감사하며 물을 마실래!

Mission_06 | 물 서바이벌
다양한 방법으로 물을 모아라!

서바이벌 상식

바다에서 표류할 때나 설산(눈 쌓인 산)에서 조난당했을 때도 수분을 섭취해야 살 수 있다. 어떤 환경에서도 살아남을 수 있도록 여러 가지 수분 섭취 방법을 익혀 두자.

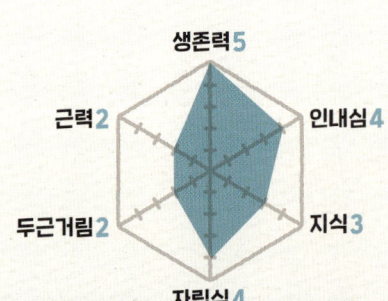

바다에서는 어떻게 수분을 섭취할까?

 낚시에 너무 정신 팔려 있었나 봐. 보트가 떠내려가는 거 같지 않아?

 뭐? 바다에서 떠돌게 되면 큰일이야! **마실 물도 없단 말이야!**

 생선 체내에도 수분이 포함되어 있으니까, 날생선을 먹으면 수분을 섭취할 수 있어, 뜸북. 천으로 생선을 싸서 수분만 짜내는 방법도 있지. 비린내가 나서 추천은 안 하지만, 뜸북.

천으로 감싸서 짠다.

설산에서는 어떻게 수분을 섭취할까?

 설산에서 조난당했을 때는 눈을 먹으면 되는 거지?

 눈을 그냥 먹으면 속이 차가워지고 체온이 내려가니까 절대로 안 돼, 뜸북. 10분 정도 끓여서 마셔야 해, 뜸북.

서바이벌 테크닉

날생선을 먹으면 수분뿐 아니라 비타민도 섭취할 수 있다. 채소나 과일을 구할 수 없을 때는 익히지 않고 날것으로 먹는 것도 방법이다.

서바이벌 에피소드 ❶

자연 재료로 불 피우기

불이 없으면 인간은 살아갈 수 없어요. 음식을 안심하고 먹기 위해서도, 캄캄한 밤에 위험한 생물에게 습격당하지 않기 위해서도, 불은 아주 소중해요.

그리고 무엇보다 중요한 사실은, 인간만이 불을 다룰 수 있다는 거예요. 대자연에 내던져지면 스스로의 나약함을 실감하기도 하지만, 불이 있으면 용기가 생겨 얼마든지 서바이벌에 도전할 수 있어요. 여러분의 모험심에 불을 붙이고, 어려운 불 피우기도 성공시켜 보아요.

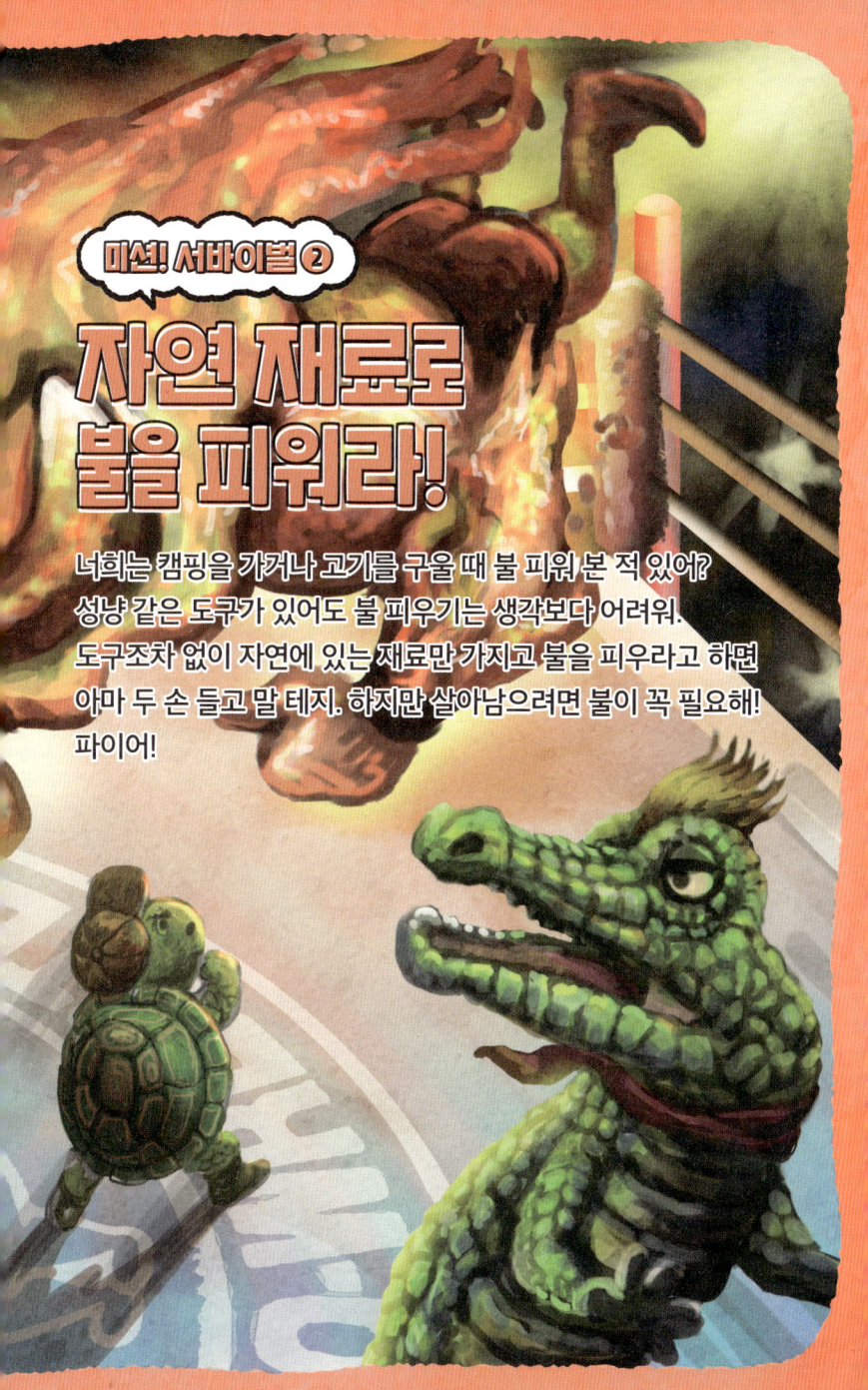

미션! 서바이벌 ❷
자연 재료로 불을 피워라!

너희는 캠핑을 가거나 고기를 구울 때 불 피워 본 적 있어?
성냥 같은 도구가 있어도 불 피우기는 생각보다 어려워.
도구조차 없이 자연에 있는 재료만 가지고 불을 피우라고 하면
아마 두 손 들고 말 테지. 하지만 살아남으려면 불이 꼭 필요해!
파이어!

Mission_07 | 불 서바이벌
불 피울 준비를 하라!

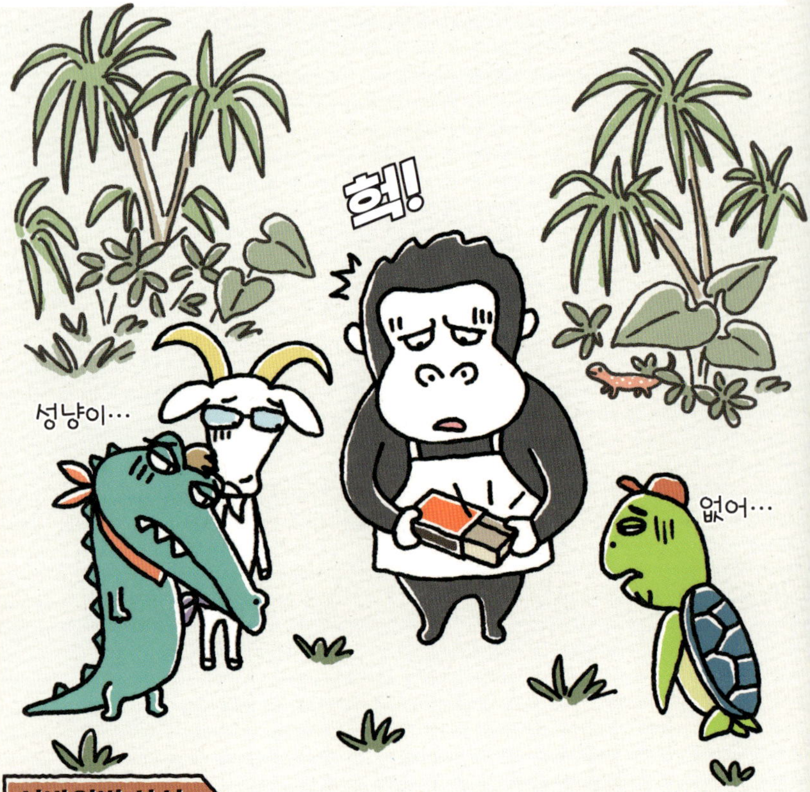

성냥이...

헉!

없어...

서바이벌 상식

고기를 구울 때, 모든 도구를 다 갖추었어도 의외로 불 피우기가 어렵다. 몸과 마음이 힘든 서바이벌 상황에서는 말할 필요도 없다. 꼼꼼히 준비하지 않으면 결코 불을 피울 수 없을 것이다.

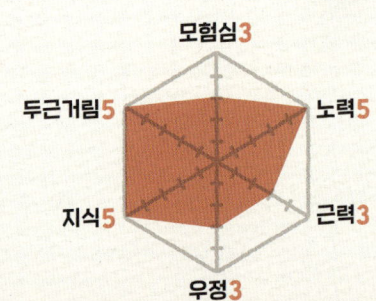

모험심 3
노력 5
근력 3
우정 3
지식 5
두근거림 5

Q 부싯깃이란 무엇일까?

불을 피우면 오늘 밤엔 캠프파이어를 하자.

그거 재밌겠다, 두근거려!
그런데 아까부터 나무에 불을 붙이려고 해도 성냥불이 금방 꺼져 버리는걸….

나무가 너무 커서 불의 힘이 모자라기 때문이야. 작은 불을 조금씩 키워 가야 해, 뜸북. 불을 피울 때는 맨 처음 태우는 '부싯깃' 재료를 찾아야 해, 뜸북. 부숭부숭하거나 기름기 많은 것, 뜸북. 아무튼 쉽게 타는 게 좋아, 뜸북.

- 마른 솔잎
- 민들레 솜털
- 억새 이삭
- 마른 버섯
- 마끈
- 사용하지 않은 새 둥지 등

 민들레    억새    버섯

부숭부숭하고 가벼운 것…
아, 이거 어때?

뭐야, 내 머리잖아!
장난 그만 치고, 마른 솔잎을 찾아 놨으니까 이걸 쓰자.

Q 불쏘시개란 무엇일까?

그러면 성냥으로 부싯깃에 불을 붙이고, 그리고 이 나무에… 어? 꺼졌어.

불은 조금씩 커진다고 방금 말했잖아, 뜸북. 불 피울 때는 서두르면 안 돼. 밑불을 더욱 키우기 위해서는 '불쏘시개'가 필요하다고, 뜸북. 불쏘시개는 불을 피울 때 불이 쉽게 옮겨붙게 하기 위해 먼저 태우는 물건을 말하는데, 휴지나 신문지가 가장 좋아, 뜸북.

- 마른 잎이나 마른 풀
- 솔방울
- 소나무 껍질
- 볏짚
- 휴지
- 신문지

솔방울

소나무 껍질

볏짚

부싯깃 → 불쏘시개 → 나뭇가지 순으로 불을 키우면 되는구나.

그래 맞아, 뜸북. 나뭇가지는 옆으로 눕히지 말고 산 모양이 되도록 세워 두면 공기가 잘 통해서 더 잘 타, 뜸북.

Point
신문지를 사용할 때는 몇 장을 세로로 길게 말아 놓고, 그 주위를 둘러싸듯이 나뭇가지를 놓으면 바람에 날리지 않는다.

비가 오거나 바람이 많이 불 때도 불을 피울 수 있을까?

 불 피울 재료는 모았지만, 비가 내려서 땅이 젖어 버렸어.

땅을 조금 파고서 마른 잎과 잔가지를 깔면 돼, 뜸북. 또 하나 중요한 일은, 되도록 비가 오기 전에 불 피울 재료를 모아서 젖지 않게 보관하는 거야, 뜸북.

 좋아, 불 피울 준비가 다 됐어. 빨리 성냥으로 불을 붙여 보자!

 아, 깜빡했다. 성냥은 아까 그게 마지막이었어.

 **뭐라고?! 이제 어쩔 거야!**

 자연에 있는 걸 써서 불을 피우자. 그게 더 멋지고, 가슴 뛰지 않아?

요새는 성냥도 보기 힘들어졌어.

Mission_08 | 불 서바이벌
나무로 불을 피워라!

서바이벌 상식

자연에 있는 걸 이용해서 불을 피울 수도 있다. 다만 전문 탐험가도 현지에서 재료를 모아 불 피우는 건 어렵다고 한다. 여러 가지 방법을 익혀서 응용력을 길러 보자.

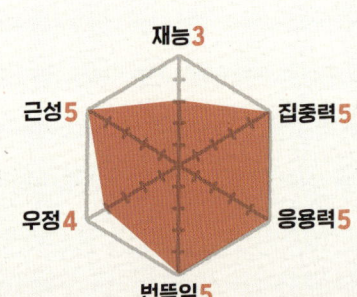

Q 불은 어떻게 붙는 걸까?

아무것도 없는 데서 어떻게 불이 붙는지 신기해.

그런 호기심을 갖는 건 좋은 일이야, 뜸북. 가르쳐 줄게, 뜸북. 멈추라고 할 때까지 손을 맞대고 비벼 봐, 뜸북.

싹싹싹싹… 이렇게?
손이 뜨거워졌어…. 싹싹싹싹….

손바닥을 비비면 따뜻해져, 뜸북. 마찬가지로 나무와 나무를 맞대고 비비면 온도가 올라가 나무 부스러기에 불이 붙는 거야, 뜸북. '마찰열' 때문이지, 뜸북.

아무래도 상관없으니까 어서 불 피울 재료를 찾자! 잘 될지 궁금해, 두근거려!

싹싹싹싹… (어, 멈추라는 말은 안 하는 거야?)

더 자세히 알려 줄게!

너무 작아서 눈에는 보이지 않지만 물체의 표면에는 '입자'라는 게 있다. 이 입자가 거세게 움직이면 맞닿은 부분의 온도가 높아진다. 힘이 셀수록, 맞닿은 면이 크고 거칠수록 마찰열은 커진다.

활비비 방식 불 피우기가 뭘까?

미리 말해 두는데, 불 피우기는 아주 어려워, 뜸북. 불은 쉽게 붙지 않는다고, 뜸북.

두근두근, 두근두근.

…대표적인 '활비비' 방식으로 불 피우는 순서를 가르쳐 줄게, 뜸북. 몇 가지를 준비해라, 뜸북.

- 활로 쓸 가지
- 끈
- 발화판
- 불씨받이
- 발화목
- 부싯깃
- 발화축

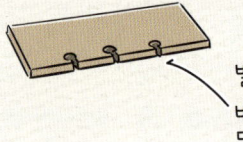

잘 휘어지는 튼튼한 가지. 길이 50cm 정도.

면으로 만든 튼튼한 끈. 조금 느슨하게 가지에 묶는다.

발화판
바싹 마른 나무판자.
두께 1cm, 길이 30cm 정도.
발화목보다 작은 구멍을 뚫는다.

불씨받이
발화판 밑에 놓고 불씨를 옮기는 용도로 쓴다.

발화목
회전시키기 쉬운 곧은 막대.
지름 2cm, 길이 30cm 정도.

부싯깃(마끈 같은 것)

발화축
손에 쥐기 알맞은 크기의 나뭇조각. 발화목을 끼울 구멍을 판다.

활비비 방식 불 피우기

① 발화목에 활시위를 두 번 감는다.

발화축

② 활을 움직여 발화목을 회전시킨다.

불씨받이를 깐다.

③ 나무 부스러기에서 연기가 난다.

발화판에는 처음부터 홈을 파 둔다.

④ 불씨를 부싯깃에 옮기고 입으로 후후 분다.

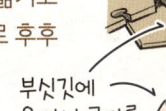

부싯깃에 옮겨서 공기를 불어 넣는다.

헉헉… 헉헉…. 뭐, 뭐야 이거. 불은커녕 연기도 안 나….

힘을 주고 싶어도 나무 막대가 뚝 부러져 버렸어. 재료 찾는 데도 시간이 걸리는데….

그래서 불 피우는 건 힘들다고 말했잖아, 뜸북. 불을 다룰 때는 반드시 어른이랑 함께 해야 해, 뜸북. 주변에 불이 옮겨 붙을 만한 건 치우고. 불 끌 때 쓸 물 양동이도 준비해라, 뜸북.

Q 대나무로 어떻게 불을 피울까?

대나무는 단단하니까 불 피우는 데 쓸 수 있지 않을까?

좋은 생각이야, 뜸북. 마른 대나무를 이용해서 불을 피울 수 있어, 뜸북.

💡 톱질 방식 불 피우기

❶ 반으로 쪼갠 대나무와 부싯깃을 준비한다.

마른 대나무가 좋다.

❷ 대나무에 칼집을 넣어 구멍을 내고 톱날을 걸칠 홈을 판다.

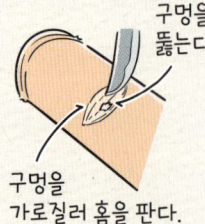

구멍을 뚫는다.
구멍을 가로질러 홈을 판다.

❸ 나머지 대나무 반쪽을 홈에 대고 좌우로 문지른다.

❹ 불씨가 생기면 부싯깃에 옮겨서 입김을 분다.

부싯깃은 대나무 밑에 놓는다.

Point
톱 역할을 하는 대나무를 날카롭게 다듬거나 톱니 모양으로 깎으면 좋다.

Q 대나무로 진짜 불이 붙을까?

 좋아, 젖 먹던 힘까지 다해서 한 번 더… **어라?! 어어어어어-?**

 연기가 난다, 조금만 더 힘내!

 서둘지 말고 침착하게. 좋아, 부싯깃에 불씨를 옮겨서….

 공기를 불어 넣어! **후우 후우—** **…화르륵!**

 됐다! 불이 붙었어!

 붙었어, 와! 악! 네 모자에 불이 붙었어!

 으악, 큰일이야. 바다에 뛰어들어야지! **——첨벙!**

불을 다룰 때는 조심해야 해.

Mission_09 | 불 서바이벌
버려진 물건으로 불을 피워라!

붙었다!

서바이벌 상식

체력이 약하거나 팔에 힘이 없어도 태양광을 이용하면 불을 피울 수 있다. 바닷가에는 다양한 물건이 떨어져 있으니, 잘 조합해서 불을 피워 보자.

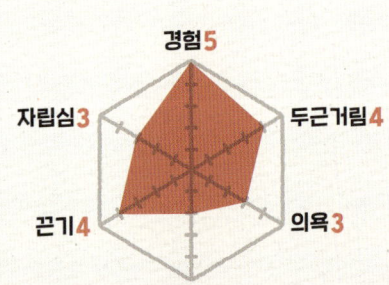

경험 5
자립심 3
두근거림 4
끈기 4
의욕 3
활기 2

페트병이나 깡통으로 어떻게 불을 피울까?

쓰레기로 불을 붙일 수 있다는 게 정말이야? 신기하네!

페트병에 물을 넣으면 렌즈로 쓸 수 있어, 뜸북. 볼록거울처럼 태양광을 모을 수 있지, 뜸북. 단, 페트병에 눈을 대고 태양을 보지 않도록 조심해, 뜸북.

각도를 조절한다. 검은 천

빈 깡통을 주웠는데, 아무리 재주가 좋아도 이걸로는 불을 피울 수 없겠지?

피울 수 있어, 뜸북. 빈 깡통 밑바닥을 깨끗하게 닦으면 오목거울처럼 쓸 수 있거든, 뜸북. 각도를 조절해서 빛이 모이게 해, 뜸북.

각도를 조절한다.

뭐야, 이런 기술을 여태 감춰 뒀던 거야!

서바이벌 테크닉

손전등 속에 든 반사경을 사용해도 불을 피울 수 있다. 겨울에는 얼음도 불 피우는 도구가 된다.

Mission_10 | 불 서바이벌
불이 꺼지지 않게 하라!

으악!

서바이벌 상식

한 번 성공했다고 해서 다음에 또 불을 피울 수 있다고 장담할 수는 없다. 그렇기에 서바이벌 상황에서는 불이 꺼지지 않게 지키는 일도 중요하다. 나무를 어떻게 쌓는가에 따라 불길도 달라진다는 사실을 잊지 말자.

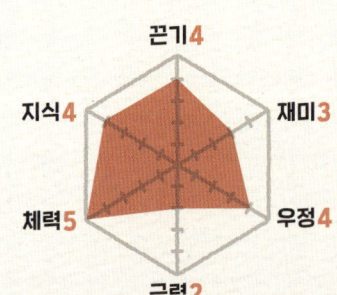

불을 꺼트리지 않는 요령이 있을까?

 가위바위보로 오늘의 불 당번을 정하자!

 또? 난 벌써 5일 연속으로 졌다고! 불을 꺼트리지 않고 지키는 일도 꽤 힘들단 말이야.

 불은 천천히 태울 수도 있어, 뜸북. 장작 끝이 한가운데에 모이도록 쌓으면 불길이 약해져서 오래가지, 뜸북.

가운데부터 천천히 탄다.

 장작 모으기도 힘드니까 되도록 오래 타면 좋겠어.

 하나 더 알려 줄게. 타고 있는 숯에 재를 덮으면 불은 꺼지지 않고 천천히 타, 뜸북. 다만, 바람이 불면 주변에 불이 옮겨붙을 수 있으니 조심해야 해, 뜸북.

서바이벌 테크닉

상수리나무처럼 단단한 나무는 잘 타지 않는 만큼 불이 오래 간다. 소나무처럼 무른 나무는 금방 다 타 버린다.

Mission_11 | 불 서바이벌
아궁이를 만들어라!

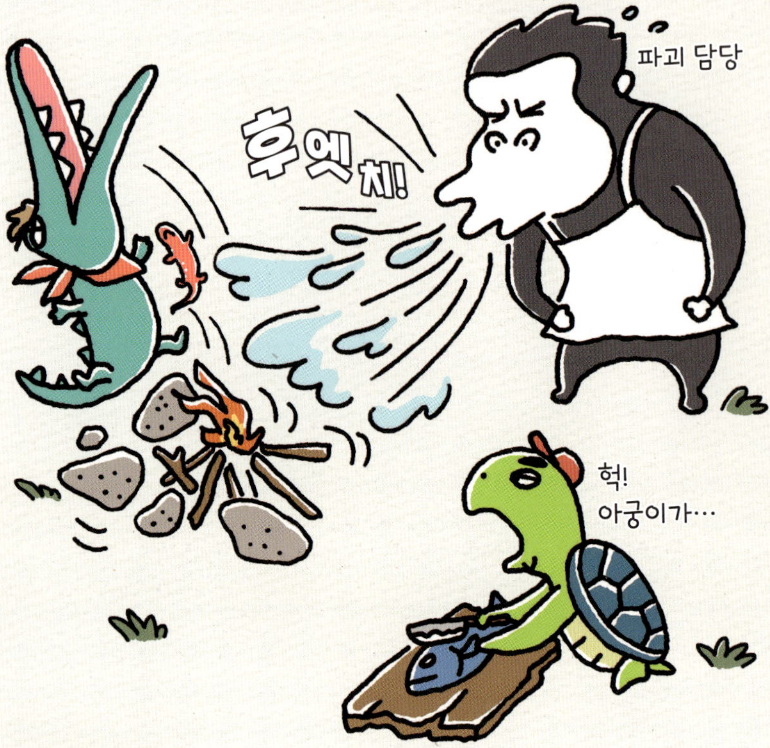

파괴 담당

후엣치!

헉! 아궁이가…

서바이벌 상식

불 주위를 돌로 둘러싸 아궁이를 만들면 열효율이 높아져서 작은 불로도 물을 끓이고 음식을 만들 수 있다. 또한 주위에서 불어오는 바람을 막아 주어 불 피우기도 쉬워진다.

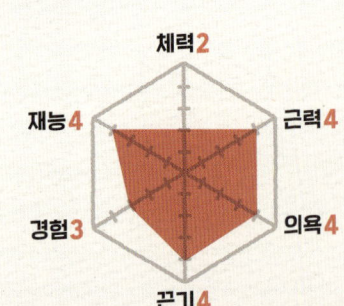

체력 2
재능 4
근력 4
경험 3
의욕 4
끈기 4

Q 아궁이는 어떻게 만들까?

불 세기 조절하는 게 어렵네. 너무 세거나 너무 약하거나, 둘 중 하나야.

그러게. 뭐 좋은 방법 없을까?

아궁이를 만들면 좋아, 뜸북. 바람이 불어오는 방향에는 돌을 놓지 않고, 불 주위를 ㄷ자 모양으로 둘러싸는 거야, 뜸북.

바람이 들어오는 곳은 열어 둔다.

돌을 대충 두르면 안 돼?

아궁이는 바람 방향이 가장 중요해, 뜸북. 바람 입구를 만들어 두면 나중에 거기를 돌로 막아서 불 세기를 조절할 수 있어, 뜸북. 바람이 세면 화력이 강해지고, 바람이 약하면 화력도 약해져, 뜸북.

서바이벌 테크닉

열효율을 높이려면 아궁이는 되도록 작게 만들어야 한다. 높이는 30cm 정도가 적당하고, 아궁이 바닥을 조금 파면 좋다.

Mission_12 | 불 서바이벌
불을 제대로 꺼라!

서바이벌 상식

불은 피우는 것만큼 뒷정리도 중요하다. 불을 쓰고 나서 제대로 끄지 않으면 산불이 날 수도 있다. 위험한 일이 생기지 않도록 책임 있게 행동하자.

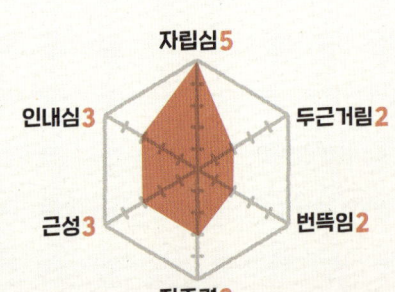

 숯불은 어떻게 끌까?

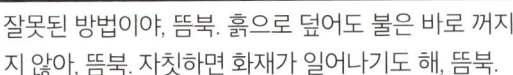
숯불은 모래를 끼얹어서 끄면 되지?

잘못된 방법이야, 뜸북. 흙으로 덮어도 불은 바로 꺼지지 않아, 뜸북. 자칫하면 화재가 일어나기도 해, 뜸북.

 쯧쯧쯧, 뭘 모르는군. 물을 흠뻑 끼얹으면 돼. 그렇지?

그것도 아니야, 뜸북. 물을 뿌려도 숯불은 잘 꺼지지 않고, 재가 사방으로 튀어 버려, 뜸북. 가장 좋은 방법은, 물이 든 양동이에 숯을 넣어서 끄는 거야, 뜸북.

숯불 끄는 방법

❶ 물을 넣은 양동이에 숯을 조금씩 넣는다.
❷ 적어도 10~15분은 물에 담가 둔다.
❸ 큰 숯은 쪼개서 속까지 불이 다 꺼졌는지 확인한다.

 숯을 한꺼번에 많이 넣으면 물 온도가 올라가서 다칠 수도 있어, 뜸북. 반드시 한 개씩 천천히 넣어야 해, 뜸북.

서바이벌 테크닉

숯은 물을 깨끗이 만들 뿐 아니라 냄새를 없애는 역할도 한다. 가루를 내서 치약으로도 쓴다.

서바이벌 에피소드 ❷

안전한 기지 세우기

서바이벌 상황에서 가장 먼저 해야 할 일은 기지(대피소) 만들기예요. 독이 있는 곤충이나 육식 동물, 비바람 등으로부터 몸을 지킬 곳이 없으면, 불과 식량이 있어도 오래 살아남지 못하거든요.

기지를 만들려면 다양한 도구가 필요해요. 돈만 있으면 얼마든지 손에 넣을 수 있겠지만, 서바이벌에 도전한다 생각하고 밧줄과 칼처럼 평범한 도구부터 직접 만들어 봐요. 불편을 느낄지 두근거림을 느낄지는 생각하기 나름이에요.

안전한 기지를 세워라!

너희들, 비밀 기지 만들어 본 적 있어?
자연에 있는 재료로 나만의 은신처를 만들다니,
가슴이 마구 뛰는군!
나의 감각을 마음껏 발휘해서 멋진 기지를 만들어 보겠어!

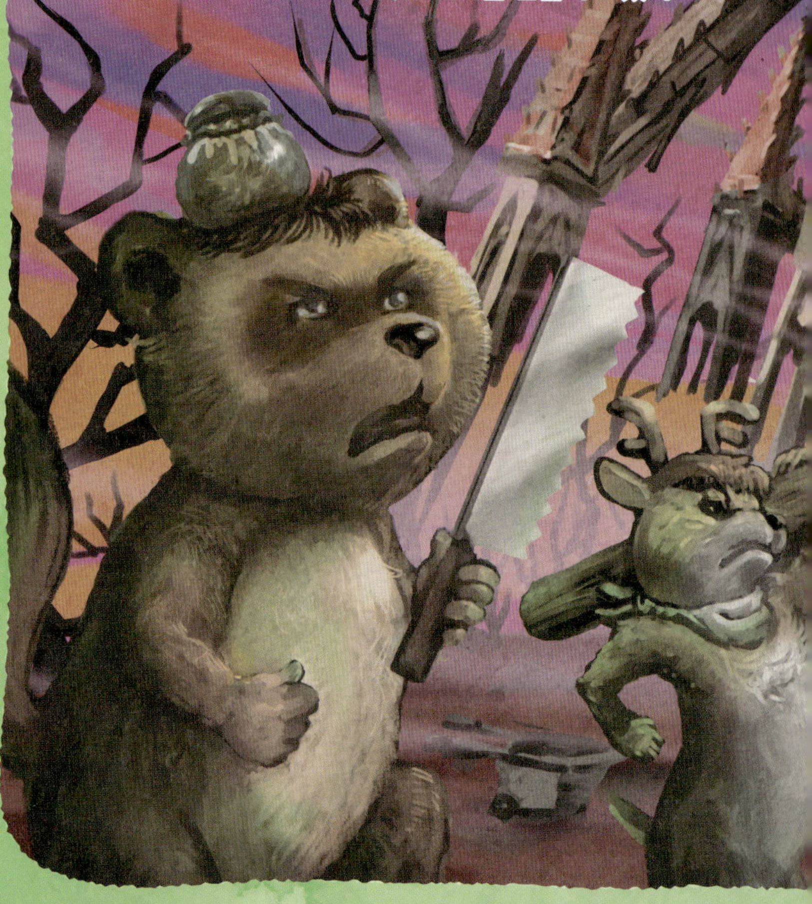

Mission_13 | 기지 서바이벌
안전한 은신처를 찾아라!

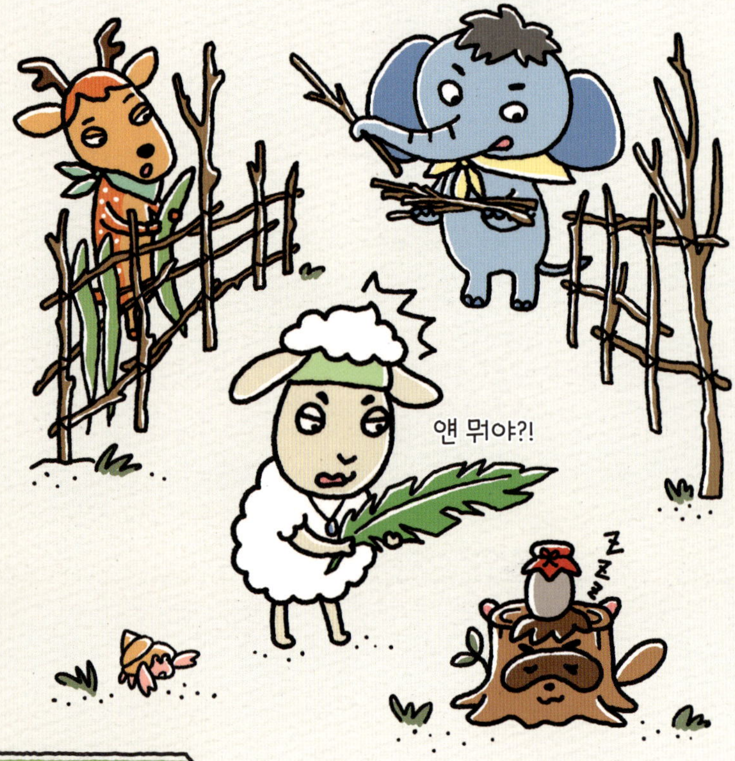

서바이벌 상식

안전한 은신처 확보는 서바이벌에서 가장 중요하다. 한 곳에 거점을 정해 두면 헤매지 않고 주위를 안전하게 탐색할 수 있으며, 마음도 안정시킬 수 있다.

- 우정 3
- 체력 4
- 모험심 5
- 번뜩임 4
- 두근거림 5
- 끈기 3

Q 기지는 어디에 만들어야 할까?

이제 곧 어두워질 거야.
밤은 무서워… 덜덜덜….

우선은 비바람 막을 곳을 찾아야 해, 뜸북. 밤에 지붕이 없는 곳에서 자면 이슬에 몸이 젖고, 바람이 불면 체온이 떨어져 버려, 뜸북.

여기 움푹 파인 곳이 괜찮지 않을까?
바닥을 다지면 다 들어갈 것도 같아.

좋은 곳을 발견했구나, 뜸북. 자연 지형을 이용해서 입구를 나뭇가지 같은 걸로 막으면 손쉽게 은신처를 만들 수 있어, 뜸북.

혹시 기지를 만들면 안 되는
장소도 있어?

높은 벼랑 밑은 낙석(떨어지는 돌)이 많아서 위험해, 뜸북. 깊은 동굴도 위험한 생물이 살 가능성이 있으니까 안 돼, 뜸북. 그리고 절대로 고르면 안 되는 곳이 강 가운데에 있는 모래톱이야, 뜸북. 만약 강 상류에 비가 내리기라도 하면 단숨에 떠내려가 버려, 뜸북.

서바이벌 테크닉

골판지 상자를 바닥에 깔면 체온을 덜 빼앗긴다. 은신처 지붕으로 사용할 수도 있다.

Mission_14 | 기지 서바이벌
자르는 도구를 만들어라!

오웟!

싹둑 싹둑

내 솜씨 어때!

서바이벌 상식

칼이 없을 때는 자르는 도구를 직접 만들어야 한다. 음식이나 기지를 만들 때도 꼭 필요하니까 자연에 있는 것을 이용하여 자르는 도구를 만들자.

 자르는 도구는 뭘로 만들까?

 칼이 없어도 나는 앞니로 자를 수 있어.

 바닷가에서 주운 빈 깡통 뚜껑을 쓸 수 있겠어. 뭘 만들까? 재밌겠다!

금속처럼 단단하고 도톰한 건 표면이 평평한 돌로 갈면 칼이 돼, 뜸북. 깡통 뚜껑으로 칼을 만들어 보자, 뜸북.

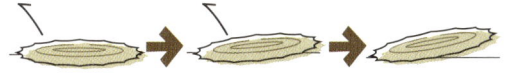

원을 그리듯이 표면을 간다. → 한쪽을 조금씩 들어 올려서 간다. → 날로 쓸 부분만 간다.

 쓱싹 쓱싹 쓱싹… 휴우~ 이 정도면 돼? **썩둑!**

 네가 만든 칼이랑 내 이빨이랑, 뭐가 더 잘 드는지 내기 하자! 저 나무 정도는 내 이빨로 베어 버릴 수 있다고!

서바이벌 테크닉

깨진 유리나 조개껍데기로도 칼을 만들 수 있다. 칼은 음식을 조리할 때도 필요하므로 일찌감치 준비해 두는 게 좋다.

 석기란 무엇일까?

강가의 돌을 이용하면 기지 짓는 데 편리한 도구인 '석기'를 만들 수 있어, 뜸북.

이 돌… 납작해서 쓸모 있지 않겠어?

어?! 물수제비 하기 좋을 것 같아! 이얍!
…세 번 튀었어. 별로 잘 튀지 않네.

무슨 짓이야! 기껏 찾은 돌인데!

돌 중에는 자연 상태 그대로 석기가 되는 것도 있어. 아니면 돌끼리 부딪쳐 쪼개서 날카롭게 만들 수도 있지, 뜸북. 돌을 고를 때는, 돌끼리 부딪쳤을 때 얇게 쪼개지는 것을 골라야 해, 뜸북. 되도록 납작한 게 좋아, 뜸북.

더 자세히 알려 줄게!

돌과 돌을 맞부딪쳐 만든 것을 '뗀석기', 돌을 다른 돌로 갈아서 만든 것을 '간석기'라고 한다. 뗀석기는 날카로운 대신 무르기 때문에 쉽게 망가진다. 간석기는 날카롭지는 않지만 잘 망가지지 않는다.

두드려 떼어낸 석기라 뗀석기, 갈아 만든 석기라 간석기구나.

Q 석기는 어떻게 만들까?

석기로 쓸 돌을 쥐고 망치를 대신할 단단한 돌로 내려쳐, 뜸북. 비스듬하게 내려치는 게 포인트야, 뜸북.

💡 뗀석기 만드는 방법

❶ 석기로 쓸 돌을 손에 쥐고, 단단한 돌로 내려친다.
❷ 여러 번 반복해서 조금씩 쪼개 나간다.
❸ 돌을 뒤집어서 반대쪽도 쪼개 나간다.

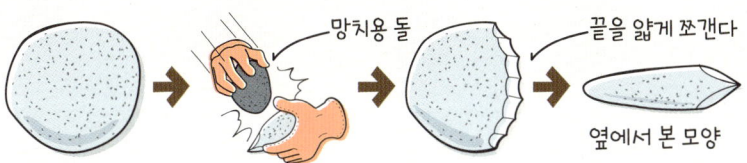

석기를 나뭇가지에 묶으면 칼이나 도끼로도 쓸 수 있다.

다치지 않게 장갑을 끼자.

완성! 모양이 이상하지만 잘 잘리니까 상관없어.

그러면 다시 물수제비 하자. 이얍!
…와, 스무 번쯤 튄 거 같아.

야아아아아악! 대체 무슨 짓이야!

Mission_15 | 기지 서바이벌
식물로 밧줄을 만들어라!

너구리 살려!

서바이벌 상식

식물은 기지를 만드는 재료가 되기도 한다. 특히 덩굴과 줄기로 만든 밧줄은 나무와 나무를 엮을 때 꼭 필요하다. 식물의 성질을 이해해서 튼튼한 밧줄을 만들자.

Q 밧줄은 어떤 식물로 만들까?

 저 야자열매를 따고 싶은데 너무 높아.

 목마를 타면 올라갈 수 있지 않을까? 자, 둘이 해 봐.

 내가 받쳐 줄 테니까 올라타 봐.

 고마워. 그러면 어디….
으악, 네 가시가 너무 따가워! 꿰엑!

일단 식물로 밧줄을 만들어 볼까, 뜸북. 모시풀이라고 하는 쐐기풀과 식물을 찾아봐. 주로 하천 주변에서 자라는데, 공터에서 자라기도 해, 뜸북.

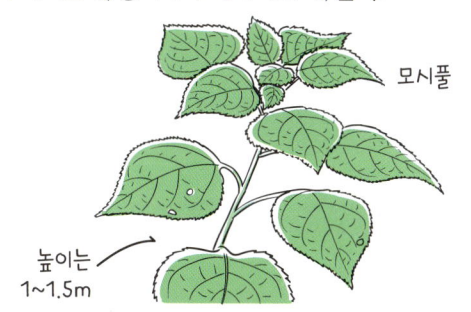

모시풀

높이는 1~1.5m

서바이벌 테크닉

그 밖에 밧줄로 쓸 수 있는 식물로는 칡과 골풀이 있다. 나무 껍질에서 섬유를 추려 내 밧줄을 만들 수도 있다.

밧줄 만들 때는 식물의 어느 부분을 쓸까?

와! 밧줄 만드는 거 재미있겠다!

모시풀의 어느 부분을 써야 해?
가장 긴 줄기 부분? 아니면 잎?

잎은 쓰지 않으니까 다 떼 버려, 뜸북. 장갑을 끼고서 줄기를 위아래로 훑으면 잎이 잘 떨어져, 뜸북.

💡 모시풀 다듬기

❶ 모시풀 잎을 모두 뜯어내고 줄기만 남긴다.
❷ 줄기를 한두 시간 물에 불린다.
❸ 줄기에서 껍질을 벗긴다.
❹ 껍질을 몇 조각으로 찢으면 준비 끝.

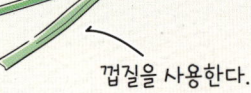
껍질을 사용한다.

> **Point**
> 줄기 한가운데를 부러뜨리거나 뿌리 쪽부터 껍질을 벗기면 잘 벗겨진다. 밧줄을 만드는 데는 껍질이 많이 필요하다. 빠르게 많이 벗겨 낼 수 있는 방법을 찾자.

줄기를 쓰는 게 아니구나.
겉껍질을 쓰는 거였어.

겉껍질에는 '섬유'가 많은데, 섬유는 가늘지만 잡아당기는 힘을 잘 버텨, 뜸북.
실 한 가닥은 약하지만 여러 가닥을 꼬아서 굵게 만들면 꽤 질겨지지, 뜸북.

Q 밧줄은 어떻게 만들까?

밧줄 만드는 순서를 가르쳐 주마, 뜸북. 껍질을 꼬아서 하나의 밧줄을 만드는 거야, 뜸북.

💡 모시풀 밧줄 만드는 방법

❶ 가닥 낸 껍질 두 뭉치를 하나로 묶는다.

❷ 한 뭉치를 꼬면 두 번째 뭉치와 엇갈려 자리를 바꾸고, 두 번째 뭉치를 꼰다. 다시 첫 번째 뭉치와 교차시킨다.

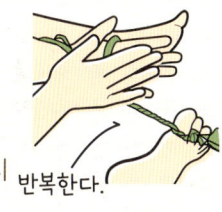

반복한다.

덧댄다.

❸ 껍질이 짧아지면 덧대어서 꼬아 나간다.

❹ 튼튼한 밧줄 완성.

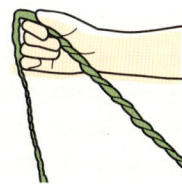

Point
어느 정도 밧줄이 길어진 다음부터는 발가락에 끼워서 꼬는 게 만들기 수월하다.

밧줄이 있으면 여러모로 편리해.

Q 밧줄과 밧줄은 어떻게 연결할까?

밧줄과 밧줄을 연결하면 짧은 것도 길게 사용할 수 있어, 뜸북.

💡 맞매듭

Point 가장 일반적이고 유용한 매듭. 어느 쪽에서 당겨도 풀리지 않는다. 밧줄의 굵기와 소재가 같을 때 묶을 수 있는 매듭이다.

💡 접친매듭 (시트벤드)

Point 밧줄의 굵기와 소재가 다를 때 유용한 방법. 낚싯줄처럼 미끄러운 줄과 무명 밧줄을 묶을 때 쓴다.

이 두 가지는 기본이니까 익혀 두자.

 **밧줄과 다른 물건을 엮을 때는?**

💡 두매듭

밧줄을 팽팽하게 당기고 있는 한 풀리지 않는다.
느슨해지면 쉽게 풀려서 사용하기 편리하다.

💡 감은매듭

기지 만들 때 가장 유용한 매듭. 밧줄을 목재에
단단히 연결할 수 있다.

💡 보라인매듭

고리가 늘어나거나 줄지 않고 일정한 크기를 유지하기 때문에, 항구에
서 배를 고정하거나 인명 구조 시 사람 몸을 묶을 때 사용한다.

나무와 나무를 묶을 때는 어떻게 할까?

감은매듭을 응용해서 목재 묶는 법을 몇 가지 배워보자, 뜸북. 기본만 알면 기지 지붕과 바닥도 만들 수 있다, 뜸북.

💡 네모얽기

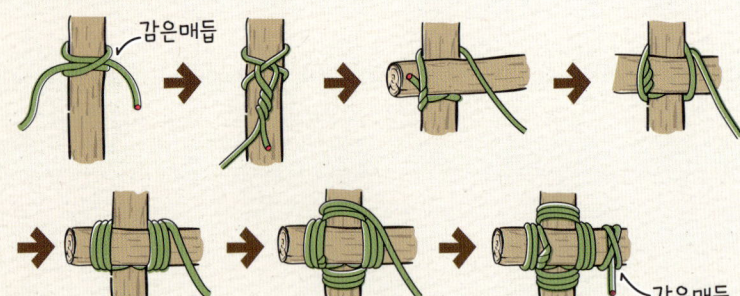

Point
목재와 목재를 직각으로 고정시킬 때 가장 많이 쓰는 방법이다.

💡 8자얽기

Point
둘 이상의 목재 끝을 묶는 방법으로, 지붕을 만들 때 사용한다.

매듭 묶는 걸 연습해야겠어!

맞모금얽기

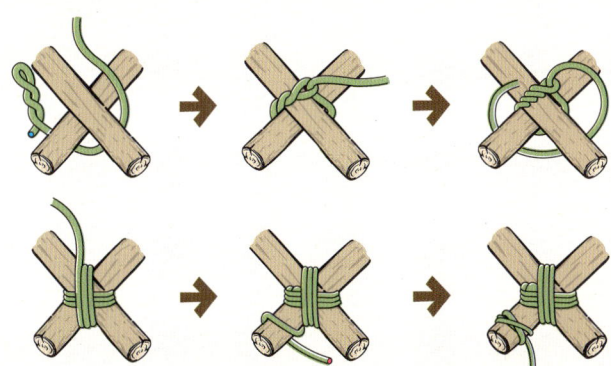

Point
목재를 엇갈려 고정시키고 싶을 때 사용한다.

뗏목얽기 (발판얽기)

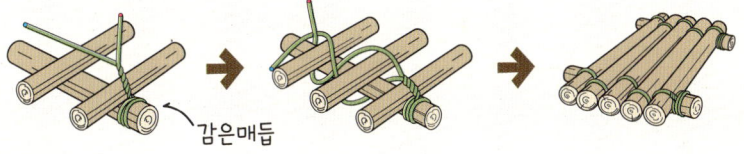

감은매듭

Point
바닥이나 탁자처럼 평평한 것을 만들 때 사용한다.
목재를 엮을 때는 하나씩 하나씩 단단하게 고정하자.

이걸로 기지 만들기에 중요한 '밧줄 매듭법'과 '목재 묶는 법'을 다 배웠어, 뜸북. 이제 기지 만드는 방법을 자세하게 가르쳐 줄게, 뜸북!

Mission_16 | 기지 서바이벌
잠잘 곳을 쾌적하게 만들어라!

서바이벌 상식

밤에는 낮과 달리 기온이 뚝 떨어져서 비바람이 불면 바로 체온을 빼앗긴다. 또한 야생 동물의 활동이 활발해지므로, 안전을 위해서는 해가 지기 전에 안심하고 잘 수 있는 장소를 확보해 두어야 한다.

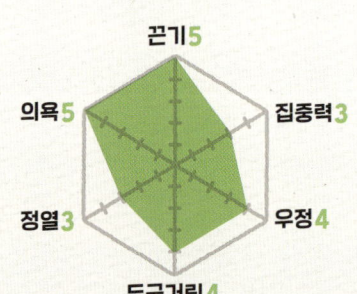

끈기 5
집중력 3
우정 4
두근거림 4
정열 3
의욕 5

Q 잠잘 곳은 어떻게 만들까?

오늘 안에 지붕과 침대를 완성할 수 있을까? 이제 금방 어두워질 거야….

지붕이 없으면 별이 가득한 하늘을 즐길 수 있으니까 좋지 않니?
난 기대 돼!

시간이 별로 없을 때는, 우선 비바람을 막을 수 있도록 나무가 빼곡하게 자란 장소를 찾으렴, 뜸북. 나뭇가지와 풀로 둘러싸면 바람을 더 잘 막을 수 있어, 뜸북.

해가 지니까 쌀쌀해졌어…. **덜덜덜~~**

낙엽을 모아서 깔고 자면 좋아, 뜸북. 땅바닥에 그냥 누워 자면 체온도 내려가고, 축축해서 편히 잘 수 없어, 뜸북. 되도록 땅바닥을 평평하게 만들고 낙엽과 마른 잎을 수북하게 까는 게 좋아, 뜸북.

진짜다! 따뜻해! 위에도 낙엽을 덮으니 군고구마가 된 기분이야!

서바이벌 테크닉

모래사장은 바람이 세고 모래 먼지가 자주 일기 때문에 추천하지 않는다. 밀물과 썰물 때를 모르고 자다가 바닷물에 젖을 수도 있다.

Q 지붕은 어떻게 만들까?

…밤은 정말로 혹독했어. 별 타령을 할 때가 아니었어….

비도 비지만, 그보다는 바람이 굉장했어….

어쨌든 빨리 지붕을 만들자.

나무 묶는 방법 중에서도 가장 기본을 가르쳐 줄게, 뜸북. 우선은 그림을 한번 봐, 뜸북.

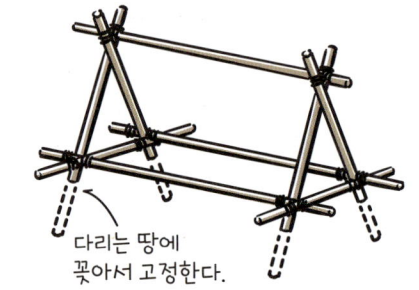
다리는 땅에 꽂아서 고정한다.

와, 이걸 만들면 멋지겠다!

멋있긴 한데… 너무 어려운 거 아니야?

어렵지 않아, 뜸북. 밧줄 묶기(72쪽)에서 배운 '8자얽기'와 '네모얽기'를 활용하면 쉬워, 뜸북.

Q A형 틀은 어떻게 만들까?

'A형 틀'은 양쪽에 세로로 긴 삼각형을 만드는 게 포인트다, 뜸북. 집과 탁자 만들 때도 응용할 수 있는 기술이다, 뜸북.

💡 A형 틀 만드는 방법

❶ 8자얽기로 나무 2개를 잇는다.

8자얽기

❷ 네모얽기로 나무를 엮어서 알파벳 A 모양의 틀을 만든다.

네모얽기

❸ A형 틀을 2개 만들어서 나무 3개와 짜맞춘다.

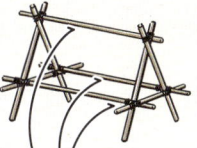
옆에 나무를 대고 묶는다.

❹ 나무 2개를 맞모금얽기로 묶으면 더 튼튼해진다.

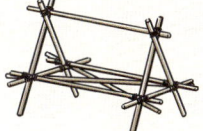

나무 뼈대를 만들고 나서 잎이 붙은 가지나 비닐 시트를 덮으면 지붕이 완성돼, 뜸북. 그리고 아랫부분에 담쟁이덩굴을 감으면 침대가 된다, 뜸북.

밤에 추우니까, 깃털 이불을 만들까… **(흘끔)**

…도망갈 거야, 뜸북.

Mission_17 | 기지 서바이벌
화장실에서 똥을 눠라!

서바이벌 상식

생명체인 이상 똥을 누지 않고서는 살 수 없다. 하지만 장소를 가리지 않으면 강과 바다를 오염시킬지도 모른다. 안전하고 쾌적한 야외 화장실은, 서바이벌에서 아주 중요하다.

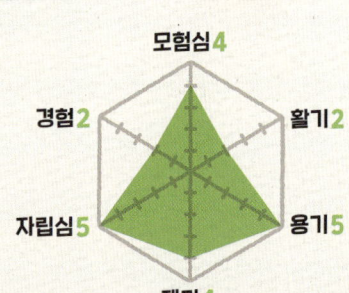

- 모험심 4
- 활기 2
- 용기 5
- 재미 4
- 자립심 5
- 경험 2

똥 마려울 땐 어떻게 해야 할까?

….
윽, 뭔가 구린내 나지 않니?

그러고 보니, 냄새 나!

휴, 시원하다.
…응? 너희 왜 그래?

**야!
똥은 좀 멀리 가서 싸!**

풀숲에서 싸면 안 돼?
강이 가까워서 손 씻기도 편한데….

화장실을 만들어야 해, 뜸북. 기지에서 너무 멀지 않으면서 바람이 냄새를 가져오지 않는 방향에 있어야 하지, 뜸북.

더 자세히 알려 줄게!

화장실은 강과 바다, 연못에서 적어도 50m는 떨어져 있어야 한다. 그렇지 않으면 구덩이에 묻더라도 물을 오염시킬 가능성이 있다. 또한 화장실로 쓸 구덩이는 적어도 20cm는 파야 땅속 미생물인 박테리아가 똥을 분해하기 쉽다.

똥을 싸고 나면 곧바로 흙을 덮자.

Mission_18 | 기지 서바이벌
방향과 시간을 알아 둬라!

서바이벌 상식

모르는 장소인데 표시도 없다면 원래 있던 곳으로 돌아갈 수 없다. 서바이벌에서는 길을 잃으면 목숨을 잃을 수 있으니, 나의 현재 위치와 방향, 그리고 시간을 읽을 수 있도록 익혀 두자.

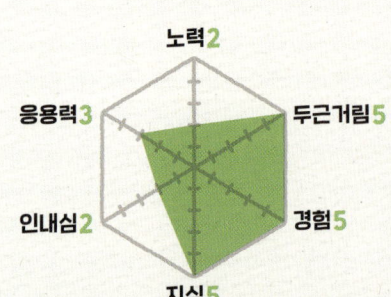

Q 방향을 어떻게 알 수 있을까?

어? 이 길은 아까도 지난 거 같은데…
이쪽으로 가는 게 맞는 거야?

그래, 이쪽에서 모험의 냄새가 나!
두근두근!

에휴, 못 말린다니까.

손목시계가 있으면 남쪽 방향을 알아낼 수 있어, 뜸북. 태양의 위치와 시계의 짧은 바늘을 이용하면 돼, 뜸북.

💡 손목시계로 남쪽을 찾는 방법

❶ 시계를 수평으로 놓는다.
❷ 짧은 바늘을 태양 방향에 맞춘다.
❸ 12시와 짧은 바늘의 중간이 '남쪽'이다.

남쪽
12시 눈금
짧은 바늘을 태양에 맞춘다.

서바이벌 테크닉

위 방법은 북반구에서만 쓸 수 있다. 남반구에서는 시계의 12시를 태양 방향에 맞추면, 12시와 짧은 바늘 중간이 '북쪽'이다.

Q 밤에는 방향을 어떻게 알아낼까?

아이코, 벌써 캄캄해졌어!
슬슬 기지로 돌아가자!

아니야, 밤이야말로 모험의 시간이지.
아무도 이 두근거림을 막을 수 없어!

하여간 못 말린다니까, 뜸북. 여튼 밤에 방향을 알아내려면 북극성을 찾아야 해, 뜸북. 위치가 거의 변하지 않고 북쪽 하늘에 떠 있거든, 뜸북.

💡 북극성으로 북쪽을 찾는 방법

❶ 국자 모양으로 모여 있는 일곱 개의 별 무리 '북두칠성'을 찾는다.
❷ 끝부분에 있는 '두 별'의 거리를 다섯 배 늘린 곳에 있는 별이 '북극성'이다.
❸ 북극성 바로 아래가 북극(북쪽)이므로 방향을 알 수 있다.

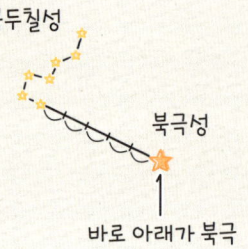

Point
이 방법은 북반구에서만 사용할 수 있다. 남반구에서는 '남십자성'이라는 십자 모양의 별 무리 4개를 찾자. 그 십자 모양의 세로 선을 약 4배 늘린 곳의 바로 아래가 남극(남쪽)이다.

잎이 자라는 방향을 보고도 남쪽을 알 수 있대.

Q 시간을 어떻게 알 수 있을까?

어젯밤은 그럭저럭 넘겼지만, 역시 시간을 모르면 불편해.

어느 틈엔가 손목시계도 고장났어.

시계가 없을 때는 해시계를 만들면 돼, 뜸북. 나무 막대기와 시간을 표시할 돌이 있으면 대략적인 시간을 알 수 있어, 뜸북. 맑은 날만 볼 수 있지만, 뜸북.

💡 해시계 만드는 방법

❶ 평평한 곳에 막대를 세운다.
❷ 해가 떠서 질 때까지 5~6회 정도, 막대기 그림자가 생긴 위치에 돌멩이를 놓아두어 표식을 한다.
❸ 막대기의 그림자가 가장 짧을 때가 12시, 거기서 그림자가 15도 움직이면 약 한 시간 지난 걸 알 수 있다.

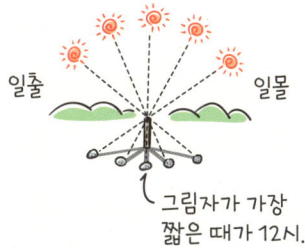
일출　일몰
그림자가 가장 짧은 때가 12시.

이제 방향이랑 시간 보는 법을 알게 되었고, 안전한 은신처도 만들었고….

문제는 '식량'이야!

서바이벌 에피소드 ❸

미션! 서바이벌 ④
자연에서 식량 구하기

인간이 살아가기 위해 식량은 꼭 필요해요. 그런데 어쩌다 운 좋게 얻어걸리는 먹거리로는 생활을 오래 이어갈 수 없어요. 비록 조금씩이라도 날마다 일정량을 손에 넣어야 해요. 식량을 찾으려면 끈기가 필요해요. 우선은 조금씩 꾸준하게, 확실히 손에 넣을 수 있는 것부터 찾아봐요. 알고 보면 우리 가까이에도 먹을 수 있는 것이 많아요. 이 사실을 명심하고 모험에 나서 보아요!

미션! 서바이벌 ④

자연에서 식량을 구하라!

자연에는 먹을 수 있는 식물이 잔뜩 있어. 산에 오르지 않아도,
가까운 공터나 물가에서도 쉽게 구할 수 있지.
꼭 서바이벌 상황이 아니더라도,
학교에서 돌아오는 길에 주변을 찾아봐!
아, 근데 아무거나 따서 먹으면 안 돼….

Mission_19 | 식량 서바이벌

먹을 수 있는 식물을 찾아라!

나는야 들풀 박사!

서바이벌 상식

우리 주변에는 먹을 수 있는 식물이 많이 자라고 있다. 다만 먹어서는 안 되는 식물도 함께 자라고 있기 때문에, 올바른 지식을 익혀 두어야 한다. 조금이라도 수상하다면 먹어서는 안 된다.

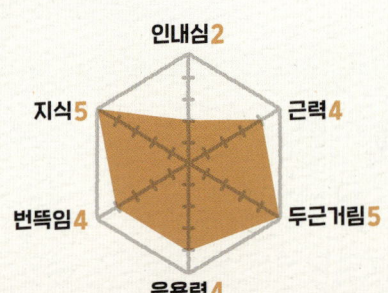

인내심 2
근력 4
두근거림 5
응용력 4
번뜩임 4
지식 5

먹을 수 있는 식물은 뭐가 있을까?

 맛있어 보이는 버섯을 잔뜩 찾았어!

 **버섯은 되도록 먹지 마.** 산을 잘 아는 사람조차도 독버섯과 먹을 수 있는 버섯을 구별하는 건 어려워.

 에엥, 구워 먹어도 안 돼?

 안 돼! 버섯 말고 먹을 수 있는 식물은 잔뜩 있어. 봐, 거기 있는 민들레.

 어? 민들레를 먹는다고?

 처음 알았어! 너 정말 식물 박사구나. 더 많이 알려줘.

이번에는 내가 나설 자리가 없네. …딱히 쓸쓸한 건 아니야, 뜸북.

서바이벌 테크닉

민들레는 잎과 꽃, 뿌리를 모두 먹을 수 있다. 잎과 꽃은 샐러드나 튀김으로 먹고, 뿌리는 튀김이나 볶음, 무침을 하거나 볶아서 커피를 만들기도 한다.

Q 우린 주변 식물 중에 먹을 수 있는 식물은?

살갈퀴

잎과 꽃, 열매, 어린 꼬투리를 먹을 수 있다. 튀김이나 무침, 샐러드를 만들어 먹으면 맛있다.

> **Point**
> 봄에 부드러워서 먹기 좋다. 연한 자주색 꽃을 피운다.

산달래

무침이나 장아찌, 전 등 다양한 방법으로 먹을 수 있다.

> **Point**
> 산과 들의 볕이 잘 드는 곳에서 자란다. 뿌리에서는 마늘 같은 냄새가 나고 가려움증이나 통증이 있을 때 약으로 사용한다.

쇠뜨기

머리와 줄기 부분을 먹을 수 있다. 튀김이나 조림으로 만들면 맛있다.

> **Point**
> 줄기가 굵고 마디의 비늘잎이 벌어지지 않은 것이 맛있다. 이른 봄에 둑 같은 곳에서 자란다.

비늘잎은 벗긴다.

방풍초

조금 억세지만 나물이나 된장국으로 먹을 수 있다. 향이 강하다.

> **Point**
> 최근에는 건강식품으로 주목받고 있다. 한 포기 먹으면 수명이 하루 늘어난다고 하여 '장명초'라고 불린다. 모래밭과 바위 그늘에서 자란다.

절대 먹으면 안 되는 위험한 식물은?

 독미나리

맹독을 가진 식물로, 식용 미나리와 비슷하게 생겨서 착각하고 먹는 사고가 많다.

> **Point**
> 먹으면 구토와 설사, 경련, 호흡 곤란을 일으키며, 목숨을 잃을 수도 있다. 죽순처럼 땅속 줄기를 가진 것이 미나리와는 다른 점이다.

 투구꽃

맹독을 갖고 있으나 꽃이 아름다워 관상용으로 심기도 한다. 산지에서 자생하는 것을 산나물로 잘못 알고 먹는 사고가 많다.

> **Point**
> 먹으면 입과 손발이 저리고 호흡 부전을 일으키며 최악의 경우에는 목숨을 잃기도 한다.

Mission_20 | 식량 서바이벌
먹을 수 있는 조개를 찾아라!

서바이벌 상식

바다에는 도구 없이도 잡을 수 있는 생물이 많다. 조개는 손쉽게 잡을 수 있는 식량 중 하나이다. 바닷가에서는 바위에 손을 베이기 쉬우니 안전에도 신경 쓰자.

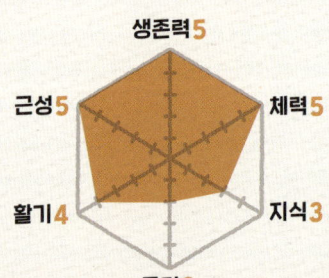

생존력 5
체력 5
지식 3
근력 2
활기 4
근성 5

Q 조개로 배를 채울 수 있을까?

달그락달그락~
바다에서 조개를 잔뜩 캤어~

된장국 끓여 먹자!
굴도 잔뜩 따어!

계절과 장소에 따라 다르지만, 굴은 익히지 않고 날것으로 먹을 수 있는 귀중한 식량이야, 뜸북. 바닷가에서는 굴이랑 조개부터 찾아 봐, 뜸북.

조개는 얼마나 먹어야 배가 부를까?

조개만 먹어서는 하루에 필요한 에너지를 채울 수 없어, 뜸북. 하지만 양이 적더라도 일단 먹으면 기운이 나는 법이야, 뜸북. 서바이벌에서는 중요한 일이지, 뜸북.

더 자세히 알려 줄게!

성별과 체중에 따라서 달라지지만, 어른이 살아가려면 하루에 약 1,400~2,000Kcal가 필요하다. 바다에 사는 굴 한 알이 약 10Kcal이므로, 굴 100개를 먹어도 하루에 필요한 에너지를 채우기에는 부족하다.

Q 어떤 조개가 맛있을까?

삿갓조개

'배말'이라고도 한다. 소금물에 데치거나 버터를 넣고 구우면 맛있다. 끓는 물에 살짝 데쳐서 회로 먹어도 좋다.

> **Point**
> 방파제나 바위벽에 붙어 있다. 드라이버 같은 것을 바위와 조개 사이에 넣어서 떼어 낸다.

울타리고둥

바위 틈에서 쉽게 발견할 수 있을 만큼 흔한 고둥이다. 썰물 때 찾기 쉽다. 소금물에 데쳐서 알맹이를 꺼내 먹는다.

눈알고둥

바닷물이 고인 곳이나 물결이 잔잔한 바위 그늘 같은 곳에서 발견된다. 짧은 시간에 대량으로 잡을 수 있고, 맛도 좋다. 소금물에 데치거나 된장국을 끓여 먹으면 좋다.

> **Point**
> 고둥을 삶을 때는 냄비 물에 처음부터 고둥을 넣어야 한다. 끓는 물에 갑자기 고둥을 넣으면 놀라서 움츠러들기 때문에, 고둥에서 알맹이를 꺼내기 어려워진다.

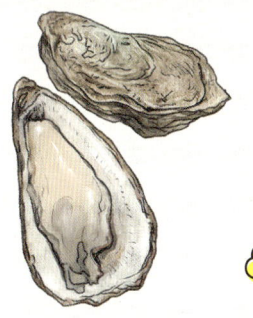

 참굴

간장을 조금 뿌려서 석쇠에 구워도 맛있다. 대략 5월에서 9월까지는 산란기라 독이 있고, 10월부터 4월까지가 제철이다.

> **Point**
> 동아시아 해안에서 볼 수 있다. 방파제와 바위벽에 붙어 있으며, 드라이버가 있으면 쉽게 딸 수 있다.

딱지조개

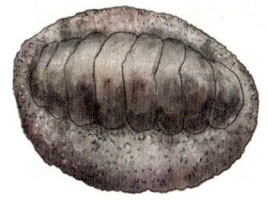

소금물에 데친 뒤 나무판에 문질러서 등딱지 여덟 장을 떼어 낸다. 등딱지 밑에 숨겨져 있던 내장을 빼고 가장자리의 가시를 제거한 뒤 먹는다. 기름에 볶으면 맛있다.

> **Point**
> 밀물과 썰물에 따라 드러나는 바위 틈새에 붙어 있다. 드라이버만 있으면 딸 수 있다.

강과 바다, 연못에서는 허가 없이 수생 생물(생선, 조개, 새우 등)을 잡아서는 안 되는 경우가 있어, 뜸북. 어업권과 수렵 금지 시기도 확인해야 해, 뜸북.

법은 지키자!

Mission-21 식량 서바이벌
여러 가지 덫을 만들어라!

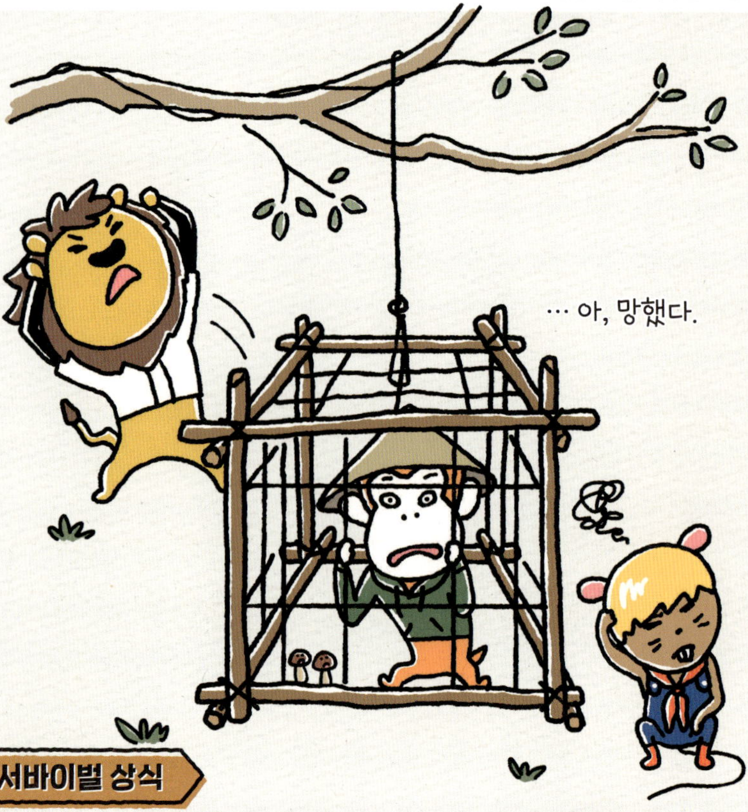

… 아, 망했다.

서바이벌 상식

덫을 이용하면 체력을 낭비하지 않고 효율적으로 동물을 잡을 수 있다. 한 번 만들면 몇 번이고 이용할 수 있고, 개량을 거듭해서 성공 확률도 높일 수 있다. 서바이벌 상황이 길어질 때 꼭 필요한 도구이다.

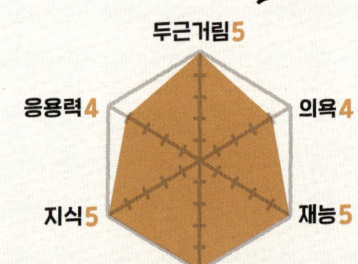

두근거림 5
응용력 4
의욕 4
지식 5
재능 5
번뜩임 5

덜 ——— 컹!

야호! 덫에 뭔가 걸린 것 같아!

오늘 밤에는 불고기 먹는 거야? 빨리 보러 가자! 두근두근!

...

...

히히, 배가 출출해서 돌아다니다가 그만. ...나 좀 꺼내 줄래?

야! 너 때문에 괜히 기대했잖아!

일반인이 새나 야생동물을 잡는 건 법률로 금지하고 있어, 뜸북. 또한 강과 바다에서 덫을 칠 때도 주의해야 해. 일반인은 정해진 도구로만 물고기를 잡을 수 있거든, 뜸북.

서바이벌 테크닉

덫을 놓을 때는 생물의 습성과 행동을 잘 생각한다. 시간대와 장소, 먹이 등을 여러모로 시험해서 가장 효과적인 방법을 찾아보자.

97

Q 조그만 물고기와 새우는 어떤 덫으로 잡을까?

 그렇게 뻔한 덫에 야생동물이 걸릴 리 없잖아.

 음… 일단… **원숭이 한 마리는 걸렸지만.**

 …

 처음부터 큰 걸 노리지 말고 작은 물고기를 잡을 수 있는 덫부터 만들어, 뜸북.

 잎이 달린 대나무를 다발로 묶어서 가라앉히는 방법이야, 뜸북. 강과 연못 같은 데 쳐 두면 작은 물고기나 장어가 잡히기도 해, 뜸북. 해가 지기 전에 설치하고, 이튿날 아침에 확인하는 거야, 뜸북.

나무에 대나무 다발을 고정한다.

 쉬워서 좋아! 뭐가 걸릴지 기대된다!

페트병으로 낚시를 할 수 있다고?

 어제 설치한 대나무 덫에 물고기가 잔뜩 걸렸어!

 강 말고 바다에도 설치하고 싶어! 뭔가 좋은 방법 없을까?

 페트병으로도 덫을 만들 수 있어, 뜸북. 생선과 새우, 게도 잡을 수 있지, 뜸북. 바다뿐 아니라, 강과 연못에서도 쓸 수 있다고, 뜸북.

① 주둥이를 잘라 낸다. ② 뒤집어서 끼운다.

구멍을 뚫는다.

돌과 미끼를 넣는다.

이쪽으로 물고기가 들어간다.

 다만, 낚시가 끝나면 페트병 덫은 반드시 수거해야 해, 뜸북. 쓰레기로 남겨 두면 환경이 파괴된다고, 뜸북.

 작은 물고기를 미끼로 써서 더 큰 고기를 잡으러 가자! 상어 어때?!

작은 동물과 새는 어떤 덫으로 잡을까?

생선을 잡을 수 있게 되었으니까, 이제 좀 큰 사냥감을 잡고 싶어. **(흘끔)**

맞아… 예를 들면 새나… **(쩝쩝)**

…절대로 안 가르쳐 줄 거다, 뜸북.
너희한테 잡아먹힐 수는 없지, 뜸북.

농담이야!
친구를 먹을 리 없잖아! (반짝반짝)

…작은 동물을 잡는 덫 중에서 가장 만들기 쉬운 건 '올가미'야, 뜸북. 다만, 만드는 건 쉬워도 잡는 건 무척 어려워, 뜸북.

잘 휘는 가지가 좋다.

사냥감이 걸리면 올가미가 조인다.

동물이 다니는 길에 설치한다.

조급해 말고 사냥하자!

Q 올가미 사냥은 왜 어려울까?

올가미는 동물이 다니는 '짐승길'에 설치해야 해, 뜸북. 그 길을 찾는 게 어렵지, 뜸북.

 …좀 힘들 거 같으니까 관둘까?

야생동물은 경계심이 강해서 냄새나 풍경의 작은 변화도 민감하게 알아차려, 뜸북. 늘 그 장소에 있는 재료로 덫을 만들고 미끼도 거기서 구하는 게 가장 좋아, 뜸북.

 당분간은… 그냥 작은 물고기를 잡자.

게다가 덫은 함부로 설치하면 안 돼, 뜸북. 그냥 설치하면 불법이라고, 뜸북. 게다가 우리나라는 야생동물 사냥을 법으로 많이 제한하고 있지, 뜸북.

더 자세히 알려 줄게!

'짐승길'은 동물이 수없이 오가며 자연히 생긴 길을 말한다. 동물의 똥과 발자국 등을 단서 삼아 찾는다.

닭꼬치 먹고 싶다~

Mission_22 | 식량 서바이벌
물고기를 손질하라!

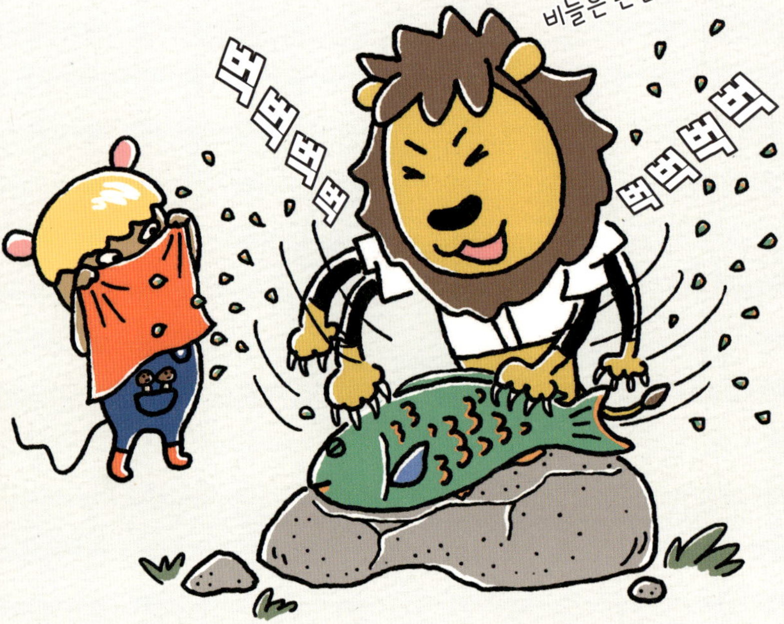

비늘은 손톱으로!

서바이벌 상식

자신이 살기 위해서 다른 생물을 잡았다면, 그 생명에 감사하며 남김없이 먹자. 서바이벌에서도 마찬가지다. 남기지 않고 깨끗이 먹을 수 있도록 손질부터 올바르게 하자.

경험 5
근성 4
번뜩임 2
체력 5
자립심 5
근력 4

생물에 따라서 뼈와 내장이 다르다고?

아야! 오징어 먹다가 딱딱한 걸 씹었어!
앞니 부러지는 줄 알았네….

그건 갑오징어라고 하는데, 몸속에 단단한 조개껍데기 같은 게 들어 있어, 뜸북.

다른 오징어에는 없었어.
같은 오징어인데도 몸 구조가 달라?

종류에 따라서 전혀 달라, 뜸북. 재료를 먹을 수 있게 손질하려면 뼈 구조와 내장 위치를 정확하게 알아야 해, 뜸북. 손질할 때 내장에 상처를 입히면 고기에서 냄새가 나고 맛이 나빠질 수도 있어, 뜸북.

으아악——
얼굴이 시커메졌어!

오징어 내장에는 먹물주머니가 붙어 있어, 뜸북. 요리할 때도 종종 써, 뜸북.

더 자세히 알려 줄게!

생물은 크게 두 가지로 나눌 수 있다. 등뼈가 있는 '척추동물'과 등뼈가 없는 '무척추동물'이다. 포유류, 조류, 파충류, 양서류, 어류는 척추동물이다. 연체동물(오징어와 문어), 절지동물(곤충), 해파리와 지렁이 등은 무척추동물이다.

Q 생선은 어떻게 손질할까?

생선 손질법은 나도 알아. 내가 시범을 보여 주지!

💡 생선 손질 방법

❶ 칼등으로 비늘을 벗긴다.

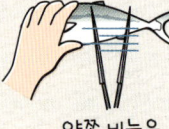

양쪽 비늘을 모두 벗긴다

❷ 머리를 자르고 내장을 제거한 뒤 물로 씻는다.

지느러미를 들어 올린 다음 비스듬하게 머리를 잘라낸다.

❸ 뼈 위를 미끄러지듯이 칼로 자른다.

❹ 뒤집어서 반대쪽도 자르면 세 장 포 뜨기 완성.

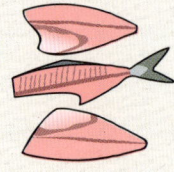

머리 쪽에서 칼을 넣는다.

Point

위의 생선 손질법은 가장 기본적인 방법이다. 하지만 생선 종류에 따라서 손질하는 법이 달라질 수 있다. 여러 가지 생선을 손질해 보자.

개구리 손질법도 배워 둬라, 뜸북. 서바이벌에서는 귀중한 단백질 공급원이니까, 뜸북.
① 뱃가죽에 칼집을 내어 전신의 가죽을 벗긴다.
② 머리를 자르고, 배를 칼로 벌려서 내장을 제거한다.
③ 물로 씻으면 준비 끝.

Q 오징어는 어떻게 손질할까?

기본적인 오징어 손질법을 가르쳐 주마, 뜸북. 쉬우니까 한번 해 봐, 뜸북.

💡 오징어 손질 방법

❶ 몸통 속에 손을 넣어서 뼈대 같은 것을 빼내고, 다리를 잡아당기면 내장도 달려 나온다.

몸통 속을 물로 씻는다.

❷ 눈 밑에서 다리를 자르고, 다리를 벌려서 단단한 주둥이를 제거한다.

다리의 빨판은 칼로 긁어낸다.

❸ 몸통과 지느러미를 잡아당겨 떼어 낸다.

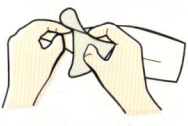

❹ 몸통, 지느러미, 다리로 분리 끝. 다리 중 긴 것 두 개는 끝을 자른다.

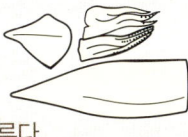

Point

오징어는 상하기 쉽고, 산 채로는 먹물을 뿜어내니 빠르게 처리하는 편이 좋다. 오징어의 급소는 두 곳이다. 눈과 눈 사이에 하나, 거기서 바로 윗부분에 나머지 하나가 있다. 급소 두 곳을 손가락으로 세게 누르면 오징어를 즉사시킬 수 있다.

뱀 손질법도 배워 두면 도움이 될 거야!
① 머리를 잘라낸다.
② 머리를 자른 부분부터 가죽을 벗긴다.
③ 내장을 제거하고 물로 씻으면 준비 끝.

Mission_23 | 식량 서바이벌
식재료를 맛있게 조리하라!

탄다, 타!

서바이벌 상식

서바이벌에서 구할 수 있는 식량은 가짓수가 몇 안 된다. 며칠이나 같은 걸 먹다 보면 질려 버리기 마련이다. 조리법을 고민해서 조금이라도 맛있게 먹어 보자.

우정 4
재미 4
생명력 3
번뜩임 4
노력 2
지식 5

아————악!
생선이 숯덩이가 됐네!

으웩~ 겉은 탔지만 속은 하나도 안 익었어! 날것이야!

불을 갓 피웠을 때는 화력이 불안정해서 조리하기에 좋지 않아, 뜸북. 시간이 조금 지나 숯이 전체적으로 하얗게 변했을 때가 가장 좋아, 뜸북.

생선을 맛있게 굽는 방법이 있어?
나무 막대에 끼우긴 했는데….

생선은 불과 거리를 조금 두고 시간을 들여서 구워야 해, 뜸북. 불에서 조금 떨어진 땅바닥에 나무막대를 꽂아 두면, 속까지 잘 익어서 맛있게 먹을 수 있어, 뜸북.

타 버린 건 어떡하지?

누군가에게 먹으라고 보낼까?

서바이벌 테크닉

장작을 한데 모으면 화력이 세진다. 반대로 장작을 떨어뜨려 놓으면 화력이 약해진다.

Q 다른 요리 방법은 없을까?

뭔가 좀 더…
그럴듯한 요리 없어?

아예 날것으로 먹는 건 어때?

너희에게 재료를 땅에 묻어 굽는 '흙가마'를 가르쳐 주마, 뜸북.

💡 흙가마 만드는 방법

❶ 식재료가 들어갈 만한 깊이로 구멍을 파고, 돌을 평평하게 깐다.
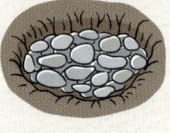

❷ 돌 위에 장작불을 피우고 30분 정도 예열한다.

❸ 음식 재료를 바나나 잎으로 싸서 돌 위에 놓는다.

❹ 흙을 덮고 다시 1~2시간 정도 장작불을 피운다.

> **Point**
> 감자, 양파 같은 채소를 함께 넣으면 더욱 맛있어진다. 여러 가지 재료를 넣어 보자.

이 방법을 쓰면 얼마나 익었는지 옆에서 지켜볼 필요가 없어, 뜸북. 은근하게 익힐 수 있고, 한 번에 많은 양을 조리할 수 있지, 뜸북. 다만 익숙해지기 전에는 실패도 많이 해, 뜸북.

음… 실패할 수도 있구나.

꽤나… 실패한다, 뜸북.

그래도 재미있어 보여!
어떤 음식이 될까?

그럼 오늘 저녁에 누군가의 밥으로 시험해 보자.

…

…

그건 싫은가 보네!

모험에는 실패가 따르는 법이지.

Mission_24 | 식량 서바이벌
식량을 보존하라!

먹었구나…
먹었네…
…없다!

서바이벌 상식

식량은 항상 구할 수 있는 게 아니다. 날씨가 갑자기 나빠지거나 몸이 아파서 식량을 구하기 어려워질 수도 있다. 무슨 일이 닥쳐도 대비할 수 있도록 식량 보존 방법을 익혀 두자.

재능 3
자립심 3
인내심 4
두근거림 5
정열 3
지력 4

Q 음식은 왜 썩는 걸까?

큰일 났다! 큰일 났어!
어제 잡은 생선에 파리가 꾀어!

뭐? 오늘도 생선 먹을 걸 기대하고 있었는데.

이렇게 더운 날에 밖에 그냥 두면 당연히 썩지, 뜸북.

그렇지만 얼음도 없고 냉장고도 없는데….

썩지 않도록 '보존'하면 돼, 뜸북. 특히 고기는 냉장고가 없어도 장기간 보존할 수 있어, 뜸북.

보존식, 만들어 보고 싶어! 비 오는 날에 힘들게 식량 찾으러 다니지 않아도 되니까 좋잖아!

더 자세히 알려 줄게!

썩는다는 건 눈에 보이지 않는 균이 증식해서 음식이 본래 성질을 잃었다는 뜻이다. 썩으면 냄새가 나고 쉽게 부서지며, 당연히 몸에도 안 좋다. 그런데 균도 생물이고 거의 모든 곳에 존재한다. 균은 수분과 영양이 풍부한 먹을거리를 발견하면 단숨에 숫자를 늘린다.

Q 식량은 어떻게 보관할까?

먹을 것이 썩지 않게 하려면 세 가지가 중요해, 뜸북.

Point
① 말린다: 수분을 없애 균이 증식하는 걸 막는다.
② 소금에 절인다: 수분을 없애 균이 증식하는 걸 막는다.
③ 연기로 익힌다: 나무를 태워 연기로 균을 죽인다.

수분을 없애는 게 중요하구나!

맞아, 뜸북. 균 증식을 막는 거지, 뜸북.
그러면 바닷물을 이용해서 육포와 어포 만드는 방법을 알려 줄게, 뜸북. 불이 없어도 할 수 있어, 뜸북.

육포 만드는 방법

❶ 고기를 얇게 썬다. 비계는 떼어 낸다.
❷ 바닷물에 하룻밤 담가 둔다.
❸ 바삭거리는 소리가 날 때까지 볕에 말린다.

바닷물은 정말 쓸모가 많아.

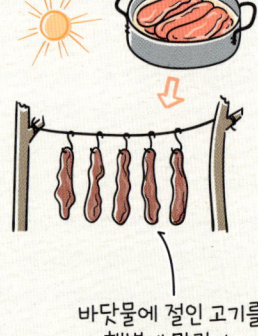

바닷물에 절인 고기를 햇볕에 말린다.

물고기도 보관이 가능할까?

어포 만드는 방법

❶ 내장과 아가미를 제거하고 둘로 가른다.
❷ 바닷물에 20~30분 담가 둔다.
❸ 바람이 잘 통하는 그늘에서 6~12시간 정도 말린다.

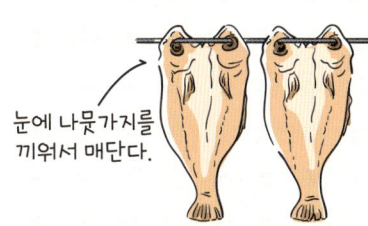

눈에 나뭇가지를 끼워서 매단다.

생선을 말릴 때는 한쪽에 등뼈를 남긴 채 두 장으로 포를 뜨는 게 좋다.

말리면 맛도 좋아져, 뜸북.
구워서 먹으면 더더욱 맛있어, 뜸북.

그런데 말리면 얼마나 보존할 수 있어?

육포는 냉장고가 없어도 2~3주는 보존할 수 있어, 뜸북. 하지만 어포는 썩기 쉬우니까 1~2일 안에 먹는 게 좋아, 뜸북.

좋아, 어포를 만들자! 양동이가 가득 찰 때까지 물고기를 낚는 거야!

서바이벌 에피소드 ❹

위험 생물로부터 살아남기

우리 주변에는 맹독을 가진 생물이 숨어 있어요. 대개는 인간이 조심성 없이 자극하다가 위험한 일을 초래하지요.
두근거리는 모험에는 위험이 따르는 법이지만, 그래도 위험은 최대한 피해야 해요. 그러려면 꼼꼼한 사전 준비와 신중한 행동이 필수지요.
위험하다는 생각이 들 때는 이미 늦어요! 미리미리 조심해야 해요.

미션! 서바이벌 ⑤

위험 생물로부터 살아남아라!

위험한 생물이라고 하면 어떤 생물들이 떠올라?
사자? 상어? 아니면…?
과학 기술을 진보시킨 인간은 마치 지구의 주인처럼 행동하지만,
대자연에 떨어져 보라고~ 티끌만큼 작은 존재라는 걸
깨달을 테니!
자연에는 인간보다 훨씬 작아도 목숨을 위협하는 생물들이
많다는 걸 잊지 마!

으아아아아아악!
삼십육계 줄행랑이다!

Mission_25 | 위험 생물 서바이벌
위험한 산속 생물을 조심하라!

다 덤벼!

서바이벌 상식

산과 숲에 들어갈 때는 조심스럽게 행동해야 한다. 생물들 입장에서 보면 인간은 갑자기 쳐들어온 침입자이다. 생물들을 놀라게 하거나 쓸데없이 만지지 않도록 조심하자.

노력 3
모험심 4
용기 3
근성 3
지식 5
체력 4

산에는 어떤 위험이 숨어 있을까?

헉헉…더워~
옷을 다 벗어 버릴까 봐….

산과 숲을 걸을 때는 여름에도 긴소매에 긴바지를 입어서 살이 드러나지 않게 해야 돼, 뜸북. 작아도 맹독을 가진 생물이 많아 위험하거든, 뜸북. 피를 빠는 거머리와 응애가 들러붙기도 쉬워, 뜸북.

어? 난 민소매 입었는데.

그러고 보니 난 알몸이잖아.

알몸으로 다니다가 목숨을 잃을 수도 있어, 뜸북. 근처에 병원이 있는 것도 아니고. 방심하다가 모든 게 끝나 버려, 뜸북.

으아아아악!
…뭐야, 내 가시였어. 깜짝 놀랐네.

…독이 없더라도 상처를 입으면 위험해. 나중에 감염증을 일으켜서 몸 상태가 나빠질 수도 있지, 뜸북. 산에 들어갈 때는 조심해야 해, 뜸북.

서바이벌 테크닉
산은 계절에 따라 낮과 밤의 기온 차이가 심하다. 더위뿐만 아니라 추위도 대비해서, 방한복과 갈아입을 옷을 준비한다.

Q 산에는 어떤 위험 생물이 살까?

살모사

자신을 지키기 위해 매우 공격적으로 구는 뱀이다. 몸길이는 45~60cm 정도이고 몸이 작은 데 비해 몸통은 굵다.

Point 산은 물론이고 논밭, 가옥 등 사람이 사는 곳에도 나타난다. 바닷가 절벽 위에도 있으니 조심하자.

유혈목이

얌전한 편이지만 반시뱀이나 살모사보다 더한 맹독을 갖고 있다. 몸길이는 1m 정도로 큰 편이다.

Point 헤엄을 잘 쳐서 논과 강에도 많이 서식한다. 몸 색깔은 서식지에 따라 다르다.

반시뱀

커다란 삼각형 머리가 특징인 독사. 야행성이고 매우 공격적이다. 몸길이가 1~2m 정도로 크다.

Point 낮에는 돌 밑이나 구멍 속에 숨어 있다. 나무 위에도 있을 수 있으니 조심하자. 주로 일본과 대만에 서식한다.

쇠파리

포유동물의 피부를 찢고 피를 빨아먹는다. 물리는 순간 아프고, 빨갛게 부어오르며 가려움이 오래간다.

Point
산에 들어갈 때는 긴소매에 긴바지를 입고, 곤충 퇴치제를 뿌린다. 쏘이면 통증이 일주일 가까이 지속될 수 있으니 조심하자.

참진드기

숲과 공원 등에 있다. 물리면 감염증을 일으킬 수 있다.

Point
피를 빨아서 커진 참진드기를 발견했을 때 억지로 떼어내면 안 된다. 눌리지 않도록 조심하면서 병원으로 가자.

옻나무

볕이 잘 들고 통풍이 좋으며 물이 고이지 않는 땅에서 잘 자란다. 높이는 10~15m 정도로, 만지면 좁쌀만 한 발진이 생긴다.

Point
긴소매에 긴바지로 피부를 가린 채 산에 들어갔더라도 아무 식물이나 막 만지지 않는다. 만졌을 때는 가려워도 긁지 말고 차갑게 식힌다.

Mission_26 | 위험 생물 서바이벌

곰과 멧돼지를 조심하라!

다 덤벼!

서바이벌 상식

곰과 멧돼지가 사람을 노리고 공격하지는 않지만, 갑자기 마주쳤을 때 놀라서 덤비는 일은 있다. 혹시라도 마주치지 않도록 행동하는 게 우선이다.

의욕 3
재능 3
끈기 5
경험 4
인내심 4
지식 5

곰을 마주치면 어떻게 해야 할까?

산에서 곰을 마주치면, 무서워서 뛰어 달아날 것 같아….

뛰면 안 돼, 뜸북. 곰이 놀라서 공격할 수 있으니까, 뜸북.

역시 죽은 척하는 게 최고야!

그것도 아니야, 뜸북. 절대로 등을 보여서는 안 돼. 곰을 바라보면서 천천히 뒷걸음질을 쳐. 그 자리에서 벗어나야 해, 뜸북.

멧돼지도 무서워.

곰이랑 멧돼지는 생각보다 얌전한 동물이야, 뜸북. 사람 발소리나 말소리, 냄새 같은 기척을 느끼면 먼저 피하지, 뜸북. 산에 갈 때는 가방에 금속 방울을 달아서 소리를 내고 다니면 좋아, 뜸북.

서바이벌 테크닉

산에는 혼자서 들어가지 말고, 둘 이상이 함께 행동한다. 만약 새끼 곰을 발견하면 곧바로 그 자리를 떠난다. 가까운 곳에 어미 곰이 있기 때문이다.

Mission_27 | 위험 생물 서바이벌
위험한 바다 생물을 쪼심하라!

맛있겠다...

서바이벌 상식

산과 마찬가지로 바다에도 위험한 생물이 많다. 해마다 바다 생물 때문에 일어나는 사고도 많은데, 대부분 맨발로 밟거나 맨손으로 만진 탓이다. 바다에 숨은 위험을 알아 두자.

집중력 4
활기 3
성실함 5
번뜩임 2
지식 5
모험심 4

Q 바다 생물은 얼마나 위험할까?

바다에서 무서운 건 상어 아니야?
나 낚시 잘하는데 내가 한번 잡아 볼까?

산에는 독충 같은 게 많지만 바다엔
없잖아. 비교적 안전한 거 아니야?

그렇지 않아, 뜸북. 바다에도 맹독을 가진 생물이 많다고, 뜸북. 상자해파리의 촉수에는 사냥감을 꼼짝 못하게 하는 독이 있고, 쏠베감펭의 등지느러미에도 독이 있어서 찔리면 지독한 통증을 일으키는걸. 파란고리문어와 바다뱀에는 물리면 몸에 이변을 일으켜 최악의 경우 목숨을 잃게 만드는 맹독이 있으니 조심해야 해, 뜸북.

헉, 독이 있는 생물이 생각보다 많네….

게다가 얕아 보이는 바다에서도 떠내려갈 수 있으니 조심해라, 뜸북. 혹시라도 떠내려갔을 땐 침착하게 수영해서 돌아와야 해, 뜸북.

더 자세히 알려 줄게!

산호초 주변에 사는 물고기는 '시가테라'라는 독을 가지고 있는 경우가 많다. 이 독의 경우, 독성이 있는 플랑크톤을 작은 물고기가 먹고, 그 물고기를 더 큰 물고기가 먹는 과정을 반복하는 동안 독이 축적되어 강해진다. 시가테라 독에 노출된 물고기를 먹으면, 구토와 두통, 마비 등의 증상이 나타날 수 있어 위험하다.

독이 있는 바다 생물에는 뭐가 있을까?

상자해파리

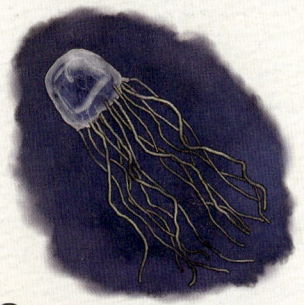

물결이 잔잔하고 얕은 바다에 살며, 촉수에서 반시뱀보다 두 배나 강한 독을 뿜는다. 갓은 10cm 이상 자라며, 7~8월이 성장기이다.

> **Point**
> 바다에 들어갈 때는 얇더라도 긴소매를 입어 피부를 노출시키지 않는다. 열대 지역에서 피해가 많이 발생하는데, 최근에는 바닷물 온도가 올라가면서 우리나라 남해와 동해에서도 발견된다.

넓은띠큰바다뱀

성격이 얌전하여 먼저 사람을 공격하지는 않지만, 반시뱀의 70배에 가까운 독을 갖고 있어 치명적이다. 헤엄을 잘 치지 못한다.

> **Point**
> 열대 지방에서는 바위가 많은 바닷가에 서식하지만, 우리나라에는 해류를 타고 유입된 것으로 추측된다. 발견하면 다가가지 말고 자리를 떠야 한다.

청자고둥

바닷속 바위 지대나 산호초에 사는 맹독 생물이다. 화살처럼 생긴 치설(작은 이가 붙은 혀)에 쏘이면 목숨을 잃을 위험이 있다.

파란고리문어

열대 바다 생물이지만 이제는 우리나라에서도 발견된다. 복어와 같은 맹독을 갖고 있다. 흥분하면 촉수가 파랗게 변한다.

> **Point**
> 물리면 몸에 독이 돌아 경련과 구토를 일으키고, 최악의 경우에는 목숨을 잃게 된다. 발견해도 절대 만지지 않는다.

쏠배감펭

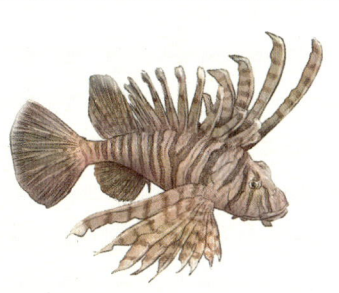

바닷속 바위 지대에 산다. 길이는 약 25cm이고 지느러미에 독이 있다. 예쁘다고 해서 만지면 안 된다.

매끈이송편게

우리나라에서는 제주 서귀포에 서식한다. 등딱지 크기는 5cm 정도로 작고, 몸은 붉거나 자주색을 띠며, 등딱지가 매끈한 편이다. 복어와 같은 맹독이 있어서 절대로 먹어서는 안 된다.

가시왕관성게

유난히 긴 가시를 지닌 성게로, 열대 바다에 서식한다. 가시에 독이 있으며, 가까이 다가가면 사람 그림자에 반응해 가시를 뻗어 오는 일도 있다.

서바이벌 에피소드 ❺

미션! 서바이벌 ❻
자연에서 스스로를 지키기

서바이벌 상황에서는 병이 나거나 다쳐도 가까이에 병원이 없고 약조차 부족하지요. 이때는 스스로 치료하고 응급 처치를 할 줄 알아야 해요. 그렇지 않으면 돌이킬 수 없는 일이 생길 수도 있어요.
어떤 일이 생겨도 혼란에 빠지지 않고 침착하게 대처할 수 있도록 구조에 대한 지식을 확실히 익혀야 해요. 그러면 나 자신뿐 아니라 소중한 친구의 생명도 구할 수 있을 거예요.

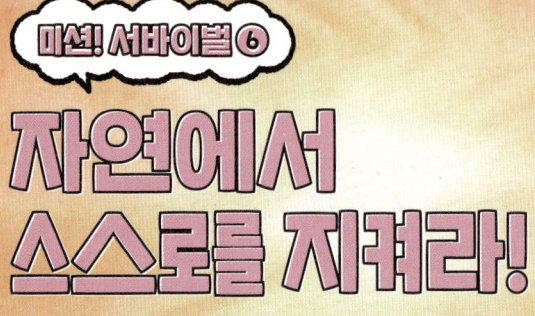

미션! 서바이벌 ⓺
자연에서 스스로를 지켜라!

너는 더위랑 추위 중에서 뭐가 더 힘들어?
더울 때는 에어컨을 틀고, 추울 때는 옷을 껴입으면 된다고?
아니, 서바이벌 상황에서는 안 통해! 최대한 지혜를 짜내야 하지!
자연의 힘을 얕보다가는 큰코다칠걸!

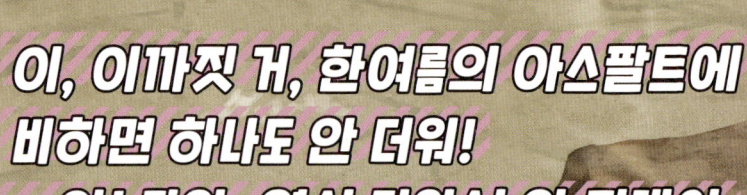

이, 이까짓 거, 한여름의 아스팔트에
비하면 하나도 안 더워!
…아! 미안, 역시 더워서 안 되겠어.

Mission_28 | 구조 서바이벌
더위를 피하라!

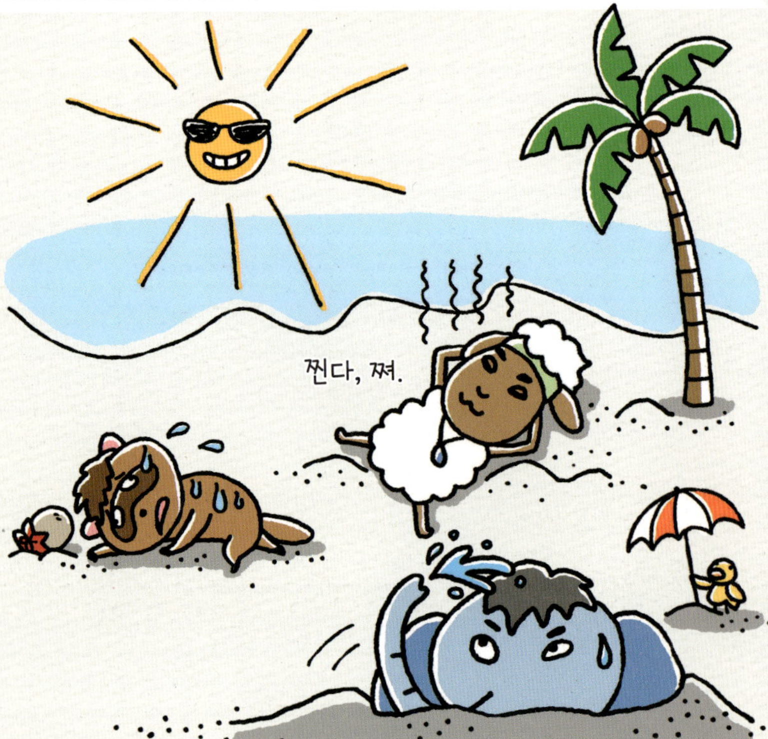

서바이벌 상식

무인도 같은 곳에서는 뜨겁게 내리쬐는 땡볕 때문에 일사병에 걸리기 쉽다. 시간 가는 줄 모르고 오랜 시간 작업에 열중하다가 몸 상태가 나빠질 수 있으니 조심하자.

근성 3
체력 5
용기 4
노력 4
우정 4
경험 5

너무 더울 때는 어떻게 행동해야 할까?

 **너무 더워!** 어질어질해….

 더울 때는 이렇게 행동해야 해, 뜸북.
- 모자를 써서 햇볕을 피한다.
- 작업은 아침저녁 시원한 시간에 한다.
- 그늘에서 작업한다.
- 되도록 수분을 자주 섭취한다.

 일사병에 걸리면 어떤 증상이 나타나?

 심장 박동이 빨라지고 어지럼증과 두통이 생겨, 뜸북. 땀도 많이 흘리지, 뜸북. 구역질이나 구토, 복통이 나타날 수도 있고, 심하면 실신할 수도 있으니 조심해야 해, 뜸북.

 만약 일사병 때문에 몸이 좋지 않다면 어떻게 해야 해?

 무리하지 말고 쉬어야 해, 뜸북.
- 바람이 잘 통하는 그늘로 옮긴다.
- 옷을 벗고, 편안한 자세를 취한다.
- 젖은 수건으로 목과 겨드랑이를 식힌다.
- 수분을 섭취한다.

Mission_29 | 구조 서바이벌

상처를 치료하라!

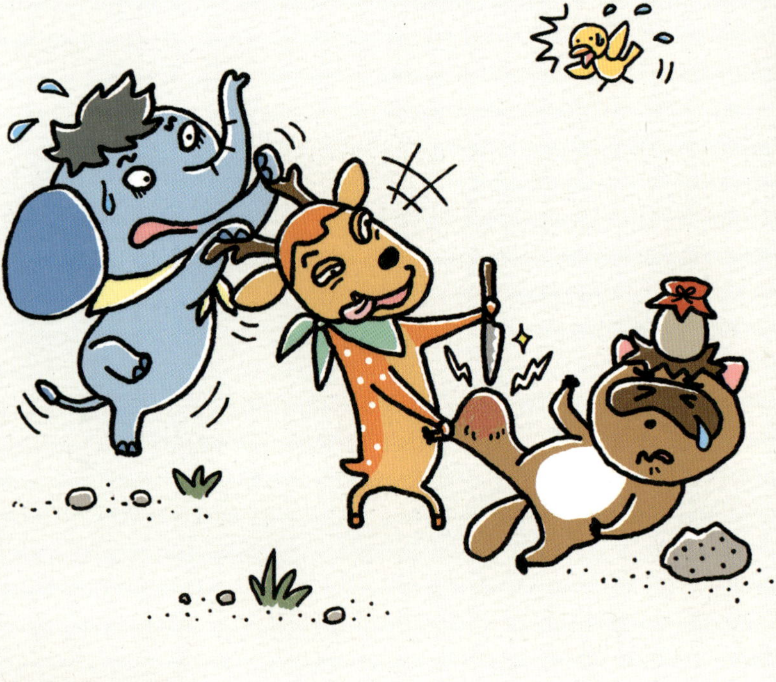

서바이벌 상식

서바이벌에서는 다치기 쉬운데, 작은 상처를 그냥 뒀다가는 나중에 돌이킬 수 없는 일이 벌어질 수도 있다. 다쳤을 때는 서둘러 적절한 처치를 하자.

피가 나는 상처를 입었을 때 어떻게 해야 할까?

아야야야! 바위에 손을 베었어.
침 발라 두면 나을까?

그러면 안 돼, 뜸북. 벤 상처로 균이 들어가 감염증이 생긴다고, 뜸북. 더러운 손으로 만지지 말고, 깨끗한 물이나 알코올로 소독한 다음 깨끗한 거즈로 덮어야 해, 뜸북.

깨끗한 거즈라니, 그런 거 없어.

다 방법이 있다, 뜸북. 거즈가 없을 때는 끓는 물에 천을 삶아서 살균해 쓰면 돼, 뜸북.

다리를 다쳤을 때는 어떻게 해야 할까?

아야, 아파! 넘어져서 발목을 삐었어.

삐거나 타박상을 입었을 때는, 우선 편안한 자세로 쉬어야 해, 뜸북. 내출혈이 생기거나 부을 수 있으니 물에 적신 천으로 식혀 주는 게 좋아, 뜸북.

서바이벌 테크닉

발목을 삐었을 때, 누워서 발을 심장보다 높이 두면 잘 붓지 않는다. 배낭 위에 발을 올리고 쉬면 좋다.

Mission_30 | 구조 서바이벌
구조를 요청하라!

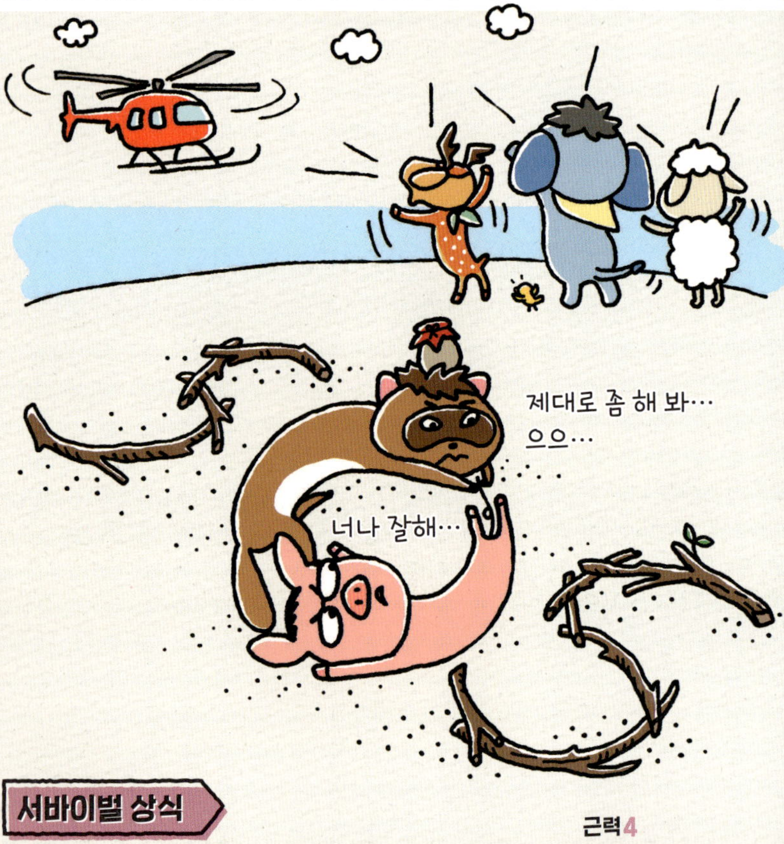

제대로 좀 해 봐…
으으…

너나 잘해…

서바이벌 상식

만약 무인도에 떨어졌다고 해도 포기해서는 안 된다. 근처에 배가 지나갈 가능성도 있으니, 언제든 구조 요청을 할 수 있게 준비해 두자. 세계 공통 구난 신호가 도움이 될 것이다.

근력 4
번뜩임 5
용기 5
지식 4
끈기 3
생명력 5

Q 구조대는 어떻게 부를까?

이제 이 섬에서 탈출하고 싶어!

몇 번이나 뗏목을 만들었지만, 파도가 심해서 우리 힘으로 탈출하기는 어려울 것 같아···.

난 그냥 여기 살아도 좋아. 이주했다고 생각하면 신나잖아!

그러고 보니, 일주일쯤 전에 멀리서 배가 지나가는 걸 봤어.

어제도 지나갔어! 손을 흔들었는데, 너무 멀어서 못 보고 가 버리더라.

손을 흔들기만 해서는 인사를 하는 건지 구조 요청을 하는 건지 알아채기 힘들어, 뜸북.

그러면 구조 요청은 어떻게 해야 해?

세계 공통 구난 신호인 'SOS'가 있지, 뜸북. 멀리 떨어진 곳이나 어둠 속에서도 구조를 요청할 수 있어, 뜸북.

서바이벌 테크닉

물에 빠지면 우선 물에 뜨는 물건에 매달려야 한다. 최대한 물 밖으로 몸을 내밀어 체온 손실을 줄이고, 주위에 사람이 있다면 손을 좌우로 크게 흔들어 도움을 요청한다. 휴대전화가 있다면 119로 전화한다. 구조대가 위치를 추적할 수 있다.

멀리 있는 사람에게도 구조를 요청할 수 있을까?

 먼 곳에 있는 사람에게 어떻게 구조를 요청해?

 손가락으로 휘파람을 불어야지. **삐익!**

 연기를 내는 방법이 있어, 뜸북. 연기를 세 줄기 동시에 피워 올리면 'SOS'라는 뜻이 돼. 세계 공통 신호야, 뜸북.

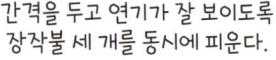
간격을 두고 연기가 잘 보이도록 장작불 세 개를 동시에 피운다.

 하지만 장작불을 피워도 연기는 별로 안 난다고.

 갓 베어 낸 나무는 수분이 많아서 연기가 많이 나, 뜸북. 참고로, 타이어도 태우면 연기가 많이 난다, 뜸북.

Q 사람이 보이지 않아도 구조 요청이 가능할까?

밤에도 구조를 요청할 수 있어?

빛과 소리를 이용한 '모스 부호'를 보내면, 상대에게 구조를 요청할 수 있어, 뜸북.

● ● ● ━ ━ ━ ● ● ●
따따따 따— 따— 따— 따따따

더 자세히 알려 줄게!

모스 부호는 '점(짧은 신호)'과 '선(긴 신호)'을 조합하여 숫자와 알파벳을 전달할 수 있는 세계 공통 부호이다. 예를 들어, 전등 불빛이나 피리 소리를 이용해 짧게 세 번, 길게 세 번, 다시 짧게 세 번 신호를 보내면 'SOS'를 뜻한다.

쿵, 쿵, 쿵, 쿵…

응?…어디선가 소리가 들려와! 혹시 모스 부호?

쿵, 쿵! 오예, 랩에 어울리는 소리를 찾고 있어!

…에이 뭐야.

서바이벌 에피소드 ❻

미션! 서바이벌 7
자연재해에서 살아남기

지진, 태풍, 폭우, 화산 폭발 등 우리의 일상은 언제든지 자연재해에 위협당할 수 있어요. 언제 어떤 사태가 벌어지더라도 침착하게 행동할 수 있도록 평소에도 상상력을 발휘해 대비해야 해요. 중요한 건, 나 혼자만이 아니라 가족 전원이 자연재해에 대비하는 자세를 갖는 거예요.
다 함께 대비해서 우리 생명은 우리가 지켜요!

미션! 서바이벌 ⑦

자연재해에서 살아남아라!

현재 전 세계에서 기상 이변과 자연재해가 자주 일어나고 있어.
그렇다고 자연의 거대한 힘과 맞서려고 하면 안 돼!
미리 대비하고 빨리 대피하는 게 상책이지.
일단 훈련해 보자고!

Mission_31 | 재난 서바이벌
항상 재난에 대비하라!

야호, 돌아왔다!

서바이벌 상식

언제 어디서 어떤 재해가 일어날지 알 수 없기에 만일의 사태에 대비해 두는 것이 더욱 중요하다. 내일 갑자기 서바이벌 상황에 놓일지도 모르는 일이다.

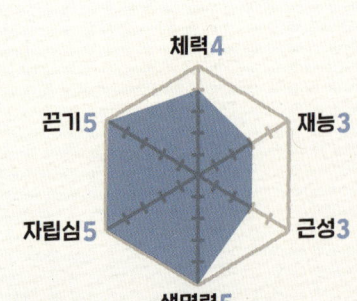

우리, 무인도에서 돌아온 게 맞아?

 **다녀왔습니다! 서바이벌 힘들었어!**

 미션! 서바이벌 진짜 재밌었어!
다음에 또 하자!

 따뜻한 이불, 밝은 조명….
아아, 살아 있으니 좋구나!

맞아. 그때 배가 SOS를 알아채서
다행이야, 뜸북.

 정말이야. …어?
뜸부기, 네가 왜 여기 있어?

너희가 걱정돼서 따라왔지, 뜸북.
특별히 함께 지내 줄게, 뜸북.

 **신난다! 앞으로도 잘 부탁해!**
빨리 친구들 소개해 줘야겠다!

 우리 그냥 이렇게 놀기만 하지 말고, 미리미리 서바이벌에 대비하자! 지진과 태풍, 홍수… 앞으로 어떤 일이 일어날지 몰라.
'생존 배낭'을 준비해 놓는 게 어때?

생존 가방에는 무엇을 넣어야 할까?

 생존 배낭이 대체 뭐지? 이게 다 뭐야?

 재난 상황에서 당황하지 않도록 가방 하나에 미리 챙겨 두는 거야, 뜸북.

- 손전등
- 불 피울 도구
- 물(2ℓ 정도)
- 식료품(비스킷과 초콜릿)
- 휴지
- 수건
- 칼
- 휴대전화 보조 배터리
- 비닐봉지
- 랩과 알루미늄 포일
- 약과 붕대, 소독약
- 구조 시트 등

 생존 배낭은 되도록 가벼운 게 좋아, 뜸북. 되도록 현관 근처에 두고, 뜸북.

 중요한 건 갖고 다녀야지. 마늘은 꼭 챙겨야 해!

 무인도에 하나만 갖고 갈 수 있다면… 역시 영상 찍을 카메라지!

재난 상황이 일어나면 어디로 피해야 할까?

재난을 대비해서 평소에 신경 써야 할 게 있어?

사는 지역의 **'재해 정보'**를 확인해 둬라, 뜸북.

더 자세히 알려 줄게!

지진이나 산사태 같은 자연재해는 물론이고 전쟁 같은 위기 상황이 벌어졌을 때는 지자체에서 지정한 대피 장소로 피신한다. 재난 정보 및 대피 장소는 각 지방자치단체 홈페이지와 국민재난안전포털에서 확인할 수 있다. 평소에 대피 경로를 파악해 두자.

강이 범람하거나 산이 무너지기도 하네. 집 주변에도 뜻밖에 위험한 곳이 많구나.

그리고 위급 상황에서 어디로 피난할지를 미리 정해 두는 것도 중요해, 뜸북. 재해가 일어났을 때는 가족이나 친구들과 연락이 끊기는 경우가 많으니까 미리 상의해서 정해 둬, 뜸북.

다 함께 피난 훈련을 해 보면 어때?

나는 긴급 재난 문자 알림 설정 해 놨지롱~

Mission_32 | 재난 서바이벌
지진에 대비하라!

서바이벌 상식

우리나라도 더 이상 지진으로부터 안전하지 않다. 지진이 일어났을 때 당황하지 않도록 평소에 대비해 두자. 가장 중요한 것은 침착함이다.

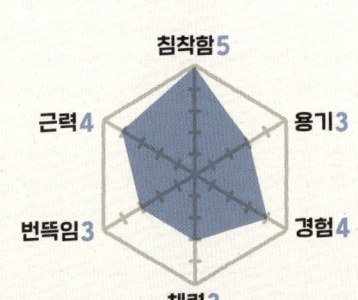

 지진에 어떻게 대비할까?

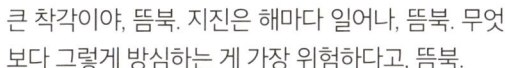
한반도는 지진이 많이 안 생기지? 그럼 굳이 대비할 필요가 있니?

큰 착각이야, 뜸북. 지진은 해마다 일어나, 뜸북. 무엇보다 그렇게 방심하는 게 가장 위험하다고, 뜸북.

그렇긴 해. 만약 지진이 일어난다면… 아수라장이 될 거야.

이 집은 여러 가지 물건들이 쌓여 있어서 위험해, 뜸북. 지진에 쓰러질 만한 물건은 벽과 천장에 고정시켜 두는 게 좋아, 뜸북.

맡겨 둬! 우리는 그런 거 잘하니까!

콘크리트 준비해 뒀어!

…콘크리트는 필요 없어, 뜸북.

서바이벌 테크닉

지진에 대비해 가족 비상 연락망을 만들어 두자. 휴대전화나 메신저가 작동하지 않을 때를 대비해 집에서 가까운 대피 장소를 알아 두고, 만날 곳도 미리 정해 둔다. 각 지역의 재난 관리 기관 연락처도 기억해 두자.

지진이 일어나면 어떻게 행동해야 할까?

덜컹 덜컹 덜컹 덜컹—!

뭐야, 말 꺼내자마자 지진이야!
어, 어떡하지?

진정해, 뜸북. 우선 자기 몸을 지키는 게 중요해, 뜸북. 다치기라도 하면 움직이기 힘들어져, 뜸북.

지진이 일어났을 때 행동 요령

❶ 강한 지진이 났을 때는 위에서 떨어지거나 쓰러질 수 있는 물건에 주의한다. 흔들림이 멈출 때까지 책상 아래 숨어서 몸을 낮추고, 주변에 있는 것으로 머리를 보호한다.

❷ 지진이 나면 유리창이 깨지거나 문틀이 휘어져서 문이 열리지 않는 경우도 있다. 실내에 갇히지 않도록 미리 피난 경로를 파악해 두자.

❸ 지진과 함께 화재가 일어나기 쉽다. 가스 밸브를 잠가서 불이 나지 않도록 예방한다.

상황에 맞춰서 행동하자.

지진이 멈추면 어떻게 행동해야 할까?

 지진이 났을 때는 곧장 밖으로 나가야 할까?

 당황해서 밖으로 뛰쳐나가면 더 위험할 수 있어, 뜸북. 깨진 유리가 떨어지거나 자동차가 덮칠지도 몰라, 뜸북.

 지진 해일이 일어나면 서둘러 높은 곳으로 도망쳐야겠지?

 되도록 높은 장소로 피해야 해, 뜸북. 전기 차단기를 내리고 가스 밸브를 잠근 다음, 생존 배낭을 가지고 미리 약속된 피난 장소로 가, 뜸북.

 자동차를 타고 이동해도 돼?

 장소에 따라 다르지만, 되도록 걸어서 이동하는 게 좋아, 뜸북. 자동차는 길이 막히면 움직이지 못할 수도 있고, 운전하는 도중에 다음 지진이 와서 사고가 날 위험이 있거든, 뜸북.

차 타고 있을 때 지진이 나면 차량의 속도를 서서히 줄인 다음, 안전한 곳에 정차한다.

당황하지 말고 침착하게~

Mission_33 | 재난 서바이벌
태풍과 폭우에 대비하라!

오- 이렇게 대비하는군.

서바이벌 상식

이상 기후에 의한 대형 태풍과 폭우에도 대비해야 한다. 강물이 범람하거나 산사태가 일어나는 일도 있다. 재난 알림 문자를 받기 전이라도 일찌감치 대책을 세워 두자.

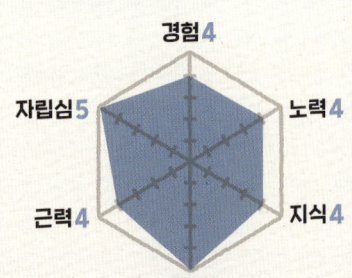

경험 4
노력 4
지식 4
침착함 5
근력 4
자립심 5

태풍과 폭우에는 어떻게 대비해야 할까?

초대형 태풍이 온대!

태풍이 불 때는 비뿐 아니라 바람도 조심해야 해.
이렇게 대비하자.
- 바람에 날릴 만한 물건이 밖에 있다면 안으로 들여놓는다.
- 자동차를 안전한 곳으로 이동시켜 둔다.
- 창틀에 신문지를 끼우거나 테이프를 붙여서 유리창이 흔들리지 않게 한다. 유리창에 X자로 테이프를 붙이면 파손됐을 때, 유리 조각이 날리는 걸 막을 수 있다.
- 단수에 대비해 물을 받아 둔다.

태풍이 불 때는 바다와 강 가까이 가는 것도 위험해.
태풍이 지나가기를 가만히 기다리는 게 가장 좋아.

글썽 글썽…
너희가 이렇게 성장한 걸 보니 기뻐, 뜸북.
…나 우는 거 아니다, 뜸북.

이게 끝은 아니니까 울지 마. …훌쩍.

지금까지 안내해 줘서 고마웠어!
앞으로도 잘 부탁해! (울음)

진짜 모험은 이제 시작인걸!

서바이벌 에피소드 ❼

WAKUWAKU SURVIVAL ZUKAN
ⓒ KADOKAWA CORPORATION 2021
First published in Japan in 2021 by KADOKAWA CORPORATION, Tokyo.
Korean translation rights arranged with KADOKAWA CORPORATION, Tokyo
through IMPRIMA KOREA AGENCY.

이 책의 한국어판 저작권은 IMPRIMA KOREA AGENCY를 통해 KADOKAWA CORPORATION과의 독점계약으로
길벗스쿨에 있습니다.
저작권법에 의해 한국 내에서 보호를 받는 저작물이므로 무단전재와 무단복제를 금합니다.

무인도에서 살아남기 위한 필수 과학상식 33가지

초판 1쇄 발행 2023년 7월 3일

지은이 하이사이 탐정단 | **옮긴이** 윤수정
발행인 이종원 | **발행처** 길벗스쿨 | **출판사 등록일** 2006년 6월 16일
주소 서울시 마포구 월드컵로 10길 56(서교동) | **대표전화** 02)332-0931 | **팩스** 02)322-3895
홈페이지 school.gilbut.co.kr | **이메일** gilbut@gilbut.co.kr

기획 및 책임편집 김언수 | **디자인** 스튜디오 헤이,덕 | **제작** 이준호, 이진혁, 김우식
영업마케팅 진창섭, 지하영, 강요한 | **영업관리** 정경화 | **독자지원** 윤정아, 최희창
CTP출력 및 인쇄 영림인쇄 | **제본** 영림제본

* 잘못 만든 책은 구입한 서점에서 바꿔 드립니다.
* 이 책은 저작권법에 따라 보호받는 저작물이므로 무단전재와 무단복제를 금합니다.
  이 책의 전부 또는 일부를 이용하려면 반드시 사전에 저작권자와 길벗스쿨의 서면 동의를 받아야 합니다.

ISBN 979-11-6406-551-6(73400) (길벗스쿨 도서번호 200374)

제품명 : 미션 무인도 서바이벌 대작전 제조사명 : 길벗스쿨 제조국명 : 대한민국 사용연령 : **8세 이상**	주 소 : 서울시 마포구 월드컵로 10길 56 (서교동) 전화번호 : 02-332-0931 제조년월 : 판권에 별도 표기 KC마크는 이 제품이 공통안전기준에 적합하였음을 의미합니다.